SPICA
VERLAGS- & VERTRIEBS GMBH

www.spica-Verlag.de

Spica Verlags- & Vertriebs GmbH
1. Auflage, April 2015

Für den Inhalt des Werkes zeichnet der Autor verantwortlich.
Satz: Spica Verlags- & Vertriebs GmbH
Druck: Printed in Europe
ISBN 978-3-943168-78-5

WOLFGANG FUHRMANN

GESCHICHTE UND GESCHICHTEN AUS DER HANSESTADT DEMMIN

Meiner Frau Birgit gewidmet

INHALT

VORWORT

Seitdem der Mensch sich bewusst mit dem Thema Zeit beschäftigt, sann er nach Möglichkeiten Vergangenes zu bewahren und Zukünftiges vorauszusehen.

Es war ein weiter Weg von der Camera obscura, aus dem 18. Jahrhundert, zur Fotografie nach unserem heutigen Verständnis. Gegenwärtige Augenblicke konnten nun bildhaft für die Zukunft festgehalten werden.

„Geschichte und Geschichten aus der Hansestadt Demmin" sind eine Auswahl von Momenten zurückliegender Geschehnisse in Wort und Bild, oder einfach nur das Abbilden privater Sphäre in und um unsere Stadt Demmin.

Die in diesem Band abgebildeten Fotos, Ansichtskarten und andere historischer Dokumente geben einen Teil dieser Wirklichkeit wieder.

So vermitteln Stadtansichten einen Eindruck von der Innenstadt, erzählen von alter Bausubstanz, vom Verfall und Abriss historischer Häuser. Viele Fotos zeigen Demminer Handwerksbetriebe und Fabriken, in denen Menschen ihrer Erwerbsarbeit nachgehen. Nur ein kleiner Teil unserer Historie ist bildlich dokumentiert. So soll der vorliegende Band Einblicke aus der Zeit der Gründung der Hansestadt bis ins 20. Jahrhundert festhalten und damit die Reihe „Geschichte und Geschichten aus dem Demminer Land" fortsetzen.

Den Jüngeren möge das Buch, in unserer schnelllebigen Zeit der scheinbar grenzenlosen Freiheit, Einblicke in das Leben früherer Generationen vermitteln. Den Demminern, die heute fern ihrer Stadt leben, soll dieses Buch ein Andenken an die Heimat sein. Bilder machen neugierig - die Jahreszeit, die Personen, das Gebäude, die Landschaft, das Ereignis ... Und wenn man ganz genau hinsieht, hört man wie aus weiter Ferne wundersame Geschichten.

Ausschlaggebend für Verlag und Autor dieses Projekt 2015 umzusetzen, war letztendlich die 875-jährige Wiederkehr der Ersterwähnung der Burg Demmin im Jahre 1140. Damals unterzeichnete Papst Innocenz II. eine Bestätigungsurkunde des Pommerschen Bistums Kammin.

Möge dieser Bildband regen Zuspruch finden und helfen, Erinnerungen an Demmin wach zuhalten.

Wolfgang Fuhrmann

Der Marktplatz von Demmin 1840.

DIE HANSESTADT DEMMIN

Die Sage erzählt, dass einst zwei Prinzessinnen die Burg „Haus Demmin" erbauten und sich gegenseitig gelobten: „Dat Hus is din und min". Daraus soll der Name der Burg entstanden sein, und daher habe die nahe dabei entstandene Stadt den Namen Demmin erhalten.
Will man jedoch den wahren Ursprung des Namens finden, kann man diesen nur in die Geschichte suchen. Am wahrscheinlichsten ist die Herkunft des Namens vom Altpolabischen dym für Rauch, Dunst auf Grund der damaligen Bodenrodungen oder des für Niederungen typischen Nebels abgeleitet. Jedenfalls bezeichnete der Chronist Adam von Bremen im Jahr 1075 (erste Missionsreise) den Handelsplatz als „bedeutende Stadt" (civitas maxima) und nannte sie Dimine. In späteren Urkunden wandelte sich der Name u.a. von Dymine zu Dimin, weiter zu Demmyn und 1320 zu Demmin. Die pommersche Burg Demmin wurde am 14. Oktober 1140 erstmals urkundlich erwähnt.
Es ist das Geschick vieler pommerscher Städte, dass man über den Zeitpunkt ihrer Beleihung mit dem Stadtrecht keine sicheren Nachrichten besitzt. Um 1236 wurde die Stadt von deutschen Kolonisten planmäßig mit gitterförmigem Straßennetz angelegt, die zudem mit einem Mauerring und fünf Toren umgeben wurde. Nur wenig später, zwischen 1236 und 1249, erhielt Demmin von Herzog Wartislaw III. von Pommern-Demmin Lübisches Recht.
Zu großem Wohlstand gelangte Demmin im Spätmittelalter. Von 1283-1607 war die Stadt Mitglied der Hanse. Zeugen dieser Zeit sind der Pulverturm, die spätgotische Pfarrkirche St. Bartholomaei und das Luisentor – ein Rest der Stadtbefestigung aus dem 15. Jahrhundert.
1631 besetzten die Schweden unter König Gustav Adolf die Stadt. 1676 wurde Demmin von Friedrich Wilhelm von Brandenburg, dem so genannten Großen Kurfürsten, zurückerobert. Im Zuge der Kampfhandlungen brannte die Stadt bis auf 30 Häuser ab. 1720 fiel die Stadt schließlich an Preußen.
Um 1900 gibt es in Demmin zwei Kalköfen, drei Metallgießereien, eine Zuckerfabrik, zwei Seifensiedereien, zwei Gerbereien, zwei Brauereien, eine Brennerei, zwei Molkereien, eine Gasanstalt und eine Wasserleitung. Man war stolz auf das Erreichte.
1945 fielen 80 Prozent der Altstadt einer Brandschatzung der Roten Armee zum Opfer. Zugleich kam es zur Selbsttötung von etwa 900 Einwohnern der Stadt. Die Baulücken in der Stadt sind bis heute nicht alle geschlossen. Seit 1993 ist Demmin Schritt für Schritt saniert worden. Im Rahmen des Städtebauförderprogramms wurden unter anderem das Rathaus von 1997 bis 1998 nach historischem Vorbild wieder aufgebaut und die St. Bartholomaei-Kirche umfassend saniert.
Die wirtschaftliche Bedeutung Demmins besteht in seiner Funktion als Markt- und Umschlagplatz für Landwirtschaftsprodukte aus der Region. Darüber hinaus haben sich die Nahrungsmittelindustrie und Metallverarbeitende Betriebe hier angesiedelt. Bis zur Kreisgebietsreform 2011 war Demmin Kreisstadt des gleichnamigen Landkreises. Seither gehört sie zum Landkreis Mecklenburgische Seenplatte.

MIT DEM JAKOBSSTAB UNTERWEGS

Eilhard Lubin erstellte 1618 seine „Große Pommernkarte"

Die Entwicklung der Stadt Demmin, seine Ausdehnung und genaue Lage lässt sich zwar nach Berichten der Chronisten feststellen, aber erst aus verhältnismäßig später Zeit sind Bilder und Pläne erhalten. Eine Abbildung der Stadt, wahrscheinlich die erste, stammt von 1618 und hat ihre ganz eigene Entstehungsgeschichte.

Im Jahre 1611 bekam Eilhard Lübben (lat. Lubinus), Professor an der Universität Rostock, vom Herzog von Pommern-Stettin, Philipp II., den Auftrag, eine exakte Karte des gesamten Herzogtums zu erstellen. Da Lubin bereits 1609 eine erste Landkarte der Insel Rügen als Kupferstich in den Niederlanden herausgebracht hatte, war er nach Meinung des kunstinteressierten Herzogs für diesen Auftrag bestens geeignet. Bereits 1611 nahm Lubin die ersten Vermessungsarbeiten mit den damals gebräuchlichen Geräten Jakobsstab, Astrolabium und Höhenwinkelmesser in weiten Teilen Vor- und Hinterpommerns auf. Beendet wurden die Arbeiten nach sechs Jahren.

Die Gravierung der überdimensionalen Karte - sie bestand aus zwölf Kupferplatten - vertraute man dem Amsterdamer Kupferstecher Nikolaus Geilkerken (Gelkercken) an. Im Winter 1617/18 stach Geilkerken die Karte auf zwölf Blättern in Kupfer. Mit 1,25 Meter mal 2,21 Meter schuf der Künstler ein kartographisches Meisterwerk. Der Rahmen zeigt die Ansichten von 49 Städten, Klöstern und Schlössern Pommerns. Es werden 354 Adelsfamilien namentlich aufgeführt und teilweise mit deren Wappen dargestellt. Mit 157 Namen und 155 Brustbil-

Der Rahmen der Lubinschen Karte trägt die Ansicht von 49 Städten, Klöstern und Schlössern Pommerns, darunter auch die Abbildung der Hansestadt Demmin.

dern steht in der Mitte der Stammbaum des pommerschen Herzoghauses und links daneben der des Rügenschen Fürstenhauses mit 19 Namen. Die Brustbilder der zum Zeitpunkt des Stichs lebenden fünf Pommernherzöge umrahmen das große pommersche Wappen. Etliche Schrifttafeln im unteren Teil enthalten einen Abriss zur Geschichte und Wirtschaft des Landes, unter anderem mit einer Aufstellung der in pommerschen Gewässern lebenden Speisefische.

Es wurden jedoch nur ein oder zwei Exemplare dieser großen Karte hergestellt. Lubin hatte eigentlich die Absicht, 500 Exemplare zu drucken, und auch das Papier dafür war bereits bestellt. Durch seinen Tod im Jahre 1621 jedoch wurde das Vorhaben verhindert. Mit dem Dreißigjährigen Krieg verschwanden die Kupferplatten, und erst während des Siebenjährigen Krieges fand man sie im Hause der verwitweten Bürgermeisterin Zandern unbeschädigt auf dem Dachboden.

Die „Kleine Pommernkarte" (1647), ebenfalls von Eilhard Lubin, zeigt auf einer Kartusche sehr wahrscheinlich Lubin selbst.

Im Jahre 1756 wurde eine weitere unveränderte Neuauflage verlegt – seitdem sind die Kupferplatten verschollen. Die so genannte „Große Lubinsche Karte von Pommern" gilt neben ihrem landesgeschichtlichen Informationswert zugleich als bedeutendes Kunstwerk des pommerschen Frühbarock.

Eine der 49 Rahmen-Ansichten zeigt die Hansestadt Demmin. Die Stadt bietet sich von der Südseite dar – aus Richtung des heutigen Stadtteiles Stuterhof. Die einzelnen Häuserreihen werden überragt von hohen Kirchtürmen, etlichen Türmen und Toren und die gesamte Stadt umschließt eine hohe Mauer. Das Bild schließt im Westen mit der Nikolaikirche vor dem Holstentor und im Osten mit einer Wassermühle am Stadtgraben und der Marienkirche ab. Einige Jahre später, genau im Jahre 1630, wurde die Marienkirche bei einer Belagerung zerstört. Auffallend ist die Lage der Kirche außerhalb der schützenden Stadtmauer. Die Kirche war nicht für die Stadtbewohner bestimmt, sondern für die zu Demmin gehörenden Dörfer.

Weit über alle Gebäude erhebt sich der prächtige Bau der St. Bartholomaei-Kirche, errichtet wahrscheinlich schon im Jahre 1269. Neben zahlreichen Kirchen und Kapellen bestimmen die mächtigen Tore den Charakter des damaligen Stadtbildes. Von den sechs Toren und den vielen Türmen haben allein das Luisentor (früher Kuhtor) und der so genannte Pulverturm den Jahrhunderten getrotzt. Auch die Darstellung der anderen Stadttore, des Kahldenschen Tores (mit Vortor und Brücke), der Fischerpforte (mit Brücke über den Stadtgraben), dem Holstentor im linken und dem Neuen Tor im rechten Teil der Ansicht, verdeutlicht eine genaue Beobachtungsgabe des Künstlers. Das zeigt sich auch in 13 erhalten gebliebenen, handschriftlichen Blättern eines Begleiters Lubins. Akribisch genau wird jeder Tag dieser Reise durch Pommern dokumentiert und wie im Original zu lesen ist: „dabei vermeidet wird, was wir für Herbergen gehabt, wie viel Stationes

gehalten, und wie viel Loca in einer jeglichen Station obseruiret worden".
Neben dem „Arbeitsnachweis", der sicher als amtlicher Bericht dem Herzog gegenüber diente, stehen als Randnotizen sehr genaue, lokale Informationen. In welcher Herberge wurde Mittagsmahl gehalten, welcher Schulze, Adlige oder Pastor zeigte ihnen die Gegend und wer spendierte ihnen auch mal einen „hohen verguldeten Schawer (Trinkgefäß) mit Maluasier zum Wilkom".
Lubin suchte sich für seine Städtedarstellungen immer hochgelegene Sichtpunkte aus. Ein erhöht angenommener Standpunkt ermöglichte ihm, fast eine Draufsicht von Demmin zu erarbeiten. Es scheint, als wollte er jedes Haus dabei darstellen. Die zahlreichen Wohnbauten der Städter, zumeist Giebelhäuser, aber auch die einstöckigen „Buden" veranschaulichen viele Einzelheiten. Zu jener Zeit wurden in Demmin zirka 400 Häuser gezählt, davon etwa 230 Giebelhäuser – Zeichen eines Wohlstandes der Hansestadt, der später nie wieder in der Form erreicht wurde.

Karl Goetze, Geschichte der Stadt Demmin, 1903

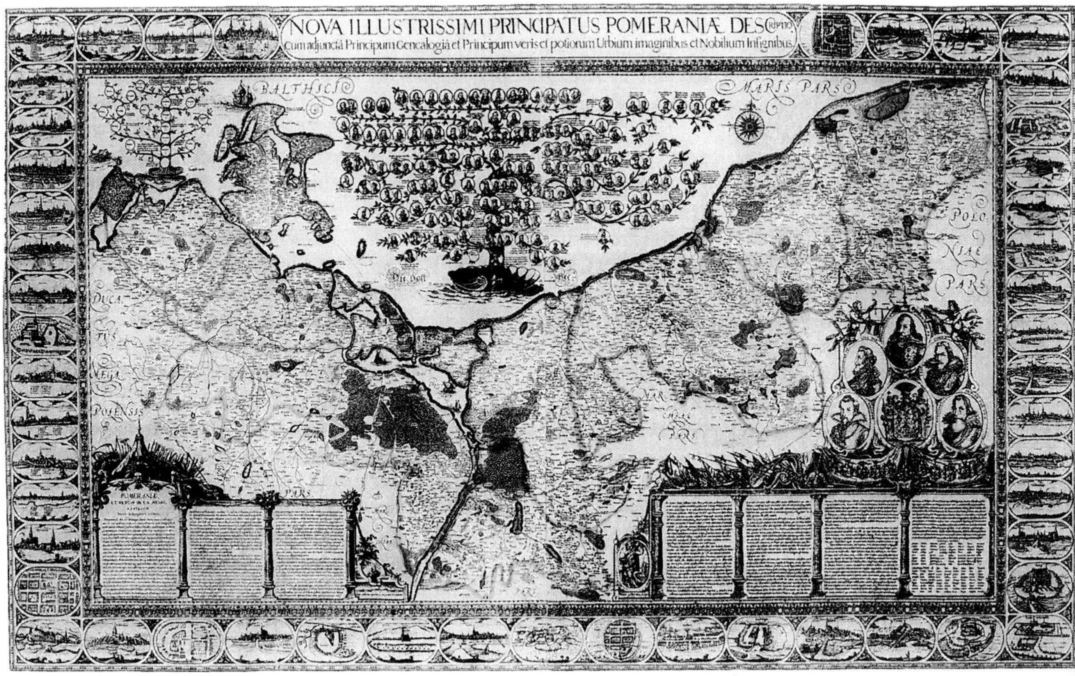

Die „Große Lubinsche Karte von Pommern" zeigt das Herzogtum und seine Städte, seine Wirtschaft, seine Fürsten und den Adel im Jahre 1618.

DAS „HÖCHSTE" UND DAS „NIEDRIGE GERICHT"

Gerechtigkeitspflege im Mittelalter

Als den Ständen in Pommern das Stadtrecht von den Herzogen verliehen wurde, bekamen sie auch etliche so genannte Privilegien und Gerechtigkeiten, die in den Städten wiederum eine gewisse Unabhängigkeit und damit ihre Entwicklung erst ermöglichten. So unter anderem bei Stralsund und Greifswald, aber auch bei Anklam und Demmin. Eine der wichtigsten Gerechtigkeiten war die Ausübung des „Recht-Sprechens" oder wie man es damals nannte die Ausübung der „Advocatia" – das höchste und niedrige Gericht.

Bei der Stadt Demmin war der Herzog in der Hinsicht erst einmal zurückhaltend und behielt das höchste Gericht in seinen Händen. Dieses Gericht bedeutete „das Gericht an Hand und Hals". Er ließ sich in der Stadt durch einen Gerichtsvogt vertreten. Solche herzoglichen Beamten waren der 1245 erwähnte Gottfried und der 1248 als Urkundenzeuge auftretende Vogt Ullrich. Das niedrige Gericht, welches die Stadt bekam, bedeutete Recht zu sprechen in leichten Sachen wo es sich um Übertretungen und kleinere Vergehen handelte.

Einige Zeit später hatte die Stadt aber auch das höchste Gericht verliehen bekommen, und sich dieses immer wieder neu von den verschiedenen Herzögen bestätigen lassen. Für das niedere Gericht hatte die Stadt einen Stadtvogt mit zwei Beisitzern, während das höchste Gericht der Rat der Stadt ausübte. Wo es sich um die Verhängung der Todesstrafe handelte, gab es die Möglichkeit, Berufung beim pommerschen Hofgericht in Wolgast (später in Stettin) und beim Reichsgericht in Speyer einzulegen. Ebenso wurde vor der Vollstreckung erst ein Gutachten von der juristischen Fakultät in Greifswald oder Rostock eingeholt.

Um das Jahr 1524 wurde der Stadt Demmin das Niedergericht für einige Jahre entzogen. Die Bürgerschaft beschuldigte den Rat der Stadt, das Recht gebeugt zu haben. Namentlich aufgeführt wurden dabei die Söhne des Bürgermeisters Barnekow und dessen Freundschaft den Stadtknechten gegenüber. Die Mitglieder des Rates konnten jene Beschuldigung den Herzögen Georg und Barnim gegenüber nicht entkräften und so verfügten diese kurz und bündig: „...und damit ein jeder sein Recht bekomme oder seine gebührliche Strafe empfangen möge, wollen wir hier in unserer Stadt Demmin einen Gerichtsvogt haben, den wir auch heute also gesetzt und verordnet haben."

Der Stadt muss aber sehr viel an diesem Niedergericht gelegen haben, denn als 1535 Herzog Philipp an die Regierung kam, hatten Rat und Gemeinde den Herzog darum „mit hohem Fleiße angefallen und gebeten" und zahlten zusätzlich noch 100 Goldgulden für die Wiederverleihung des Niedergerichts. Unter den Zeugen dieser in Wolgast erstellten Urkunde befand sich unter anderem auch Thomas Kantzow, der Verfasser der Pommerschen Chronik.

Zu Ende des 15. Jahrhunderts und Anfang des 16. Jahrhunderts wurde in der Stadt an einer „harten" Justiz festgehalten, die sich hauptsächlich auf „Mordbrenner" und „Hexen" erstreckte. Wer von dieser Klientel erst einmal in den düsteren Keller gesetzt worden war, bekam selten wieder das Tageslicht früher zu sehen als vor seiner Hinrichtung.

Neben dem düsteren Keller wohnte der Frohner der Stadt. Seine Aufgabe war es, dem Beschuldigten, der nichts gestehen wollte, die peinliche Frage vorzulegen. Dieses geschah, in dem er zunächst, um ihn zu erschrecken, die Folterinstrumente vorzeigte. Verhalf das nicht zu einem Geständnis, wurde er in Gegenwart zweier „Olderlüde" so lange gefoltert, bis das Geständnis erpresst war. Oft musste der Beschuldigte zwischendurch erst wieder mit Hilfe des Stadtarztes gepflegt werden, um dann die peinliche Befragung erneut fortzusetzen. Wer die Möglichkeit hatte, Selbstmord zu begehen, tat dieses, um den Peinigern zu entgehen. Trotzdem fand dann noch eine Hinrichtung und die Einscharrung auf dem Galgenberg statt.

Genau wie die Folter war auch die Hinrichtung je nach Verbrechen verschieden. Rad, Galgen, Scheiterhaufen und Hinrichtung mit dem Schwert wechselten ab. Diebe wurden in der Regel gehängt, Hexen verbrannt. Peinlich genau berichteten die Kämmereiregister der Stadt über derlei „Prozeduren" und vor allem darüber, was sie der Stadtkasse kosteten. So zum Beispiel im Jahre 1546: „33 Mark Claus Elvern und Achim Rigemann, dem Kämmerer, als sie nach Wolgast reisten und den Mordbrenner Murlewig daselbst richten ließen, zu allem Ungeld und zur Zehrung getan. Dem Wächter zu Wolgast, das er Hans Murlewig in dem Turm gespeist und gewartet 3 Mark gegeben; 3 Mark dem Radelmeister Simon, der Murlewige mit dem Schwert hinrichtete, und 1 Mark dem Wächter um Murlewigs willen Trinkgeld gegeben."

Wie in so vielen Fällen wurde auch bei Hans Murlewig die Folter angewandt und er musste erst wieder vom „Kuren"

(dem Chirurg) in Wolgast geheilt werden. Daher der Eintrag im Kämmereiregister: „7 Schillinge dem Kuren zu Wolgast um Murlewigs willen Trinkgeld gegeben".
Die Zimmerleute bekamen vom Rat der Stadt eine Tonne Bier, „als sie den Galgen machten." Das war im Jahre 1603, als ein neuer Galgen auf dem Radeberg errichtet werden musste. Der Radeberg, auch Galgenberg genannt, befand sich damals vor den Sandbergtannen und ist noch auf dem Belagerungsplan aus dem Jahre 1659 eingezeichnet. Im Jahre 1603 war es auch, als 6 Schafdiebe an diesem neuen Galgen aufgehängt wurden. Der Henker bekam für diese Arbeit 18 Mark und 7 Schilling. Im Kämmereiregister wurde genau vermerkt: „18 Mark für die Schafdiebe und 7 Schilling für die Stricke verausgabt".

Heute mögen uns die Strafen aus dem Mittelalter sehr hart und grausam vorkommen, waren sie sicher auch, entsprachen aber ihrer Zeit. Goetze beschreibt es in seiner Chronik der Stadt Demmin in einem Satz: „Die schaulustige Menge hatte ein wechselseitiges Schauspiel, ihr Gerechtigkeitsgefühl fand Befriedigung, da ja diese Art des Gerichtsverfahrens öffentlich war."

Karl Goetze, Geschichte der Stadt Demmin, 1903.

Die abgebildeten Drucke mit den Strafen im Mittelalter sind sicherlich dem „niederen" Gericht zu zuzuordnen. Die Ansichtskartenserie wurde 1903 von einer Lithographie-Anstalt in Nürnberg hergestellt und vertrieben.

TROTZTE ALLEN ANGRIFFEN DER ZEIT

Die Heilgeistkirche in Demmin

Eine der ältesten Straßen Demmins führt von der Holstenstraße hinunter zur Kahldenbrücke. Ziemlich in der Mitte dieser ansonsten recht kurzen Straße stand bis 1945 das älteste Bauwerk der Stadt - die Heilgeistkirche. Man weiß nicht ganz genau, wann sie errichtet worden ist. Es ist aber anzunehmen, dass sie 1269 schon fertig war.

Sie wurde gleichzeitig mit dem Hospital zum heiligen Geist vom Magistrat und der Bürgerschaft aus selbst zusammengebrachten Mitteln erbaut. „Damit wollen wir es den gegenwärtigen und zukünftigen Geschlechtern bekannt geben, das Haus des heilig. Geistes das in unserer Stadt Demmin gelegen ist, in Schutz und Gewalt unserer geliebten Ratsherren und Bürger selbiger Stadt gegeben haben, damit diese Ratsherren und Bürger für dieses Haus sorgen in allen Stücken und Notwendigkeiten." Mit solchen Worten übertrug im Jahre 1269 Herzog Barnim I., Herzog von Stettin, der Stadt Demmin das Patronatsrecht über das Heilgeisthospital. Neun Jahre später erwies der Herzog dem Hospital eine neue Gnade, indem er ihm das Dorf Sieden-Brünzow schenkte.

Links und rechts von der Kirche lagen die Hospitalgebäude. Auf der einen Seite war es ein recht großes Gebäude, während auf der anderen Seite einige kleine „Hospital-Buden" standen. Dementsprechend konnten die Bewohner von beiden Seiten in die Kirche gelangen. „Man erkennt noch heute die vermauerten Eingänge", schreibt Hugo Lemcke 1898 in seinen Bau- und Kunstdenkmälern des Kreises Stettin. „Die Kirche ist ein schlichter spätgotischer dreischiffiger und dreijochiger Bau von 18,3 Metern Länge; der nicht eingebauten Westseite; die Länge eines Joches beträgt sechs Meter."

Nach Prüfung der Schenkungsurkunde weihte 1279 der Camminer Bischof Hermann die Kirche. Damit hatte der Magistrat zu Demmin das Privileg (Recht), einen Priester einzusetzen. Da die Kirche auch ein Teil der Stadtgemeinde besuchte, bewilligte das Domkapitel zu Cammin später der Stadt auch das Recht zu, einen Kaplan einzusetzen. Als der Magistrat jedoch 1388 einen zweiten Priester bestellen will, stößt dieses auf heftigen Widerstand, und zwar von Seiten der St. Bartholomaei Kirche. Sie war in früher Zeit die erste und einzige christliche Kirche der Stadt, und die Priester dieser Kirche hatten dementsprechend gute Einkünfte. Es entstanden aber gerade in jener Zeit viele neue Kirchen, Kapellen und geistliche Hospitäler.

Christian Schlesse, der Priester von St. Bartholomaei, den schon Stolle in seiner Chronik einen „hochmütigen, geizigen und unruhigen Mann" nennt, griff nun massiv in die Rechte des Rates der Stadt, anderer Prediger und kirchlicher Einrichtungen ein. Der Rat der Stadt klagte beim bischöflichen Vertreter Magister Nicolaus Dargow in Stettin. Von da erfolgten Verbote und Drohungen an Schlesse, die dieser jedoch nicht beachtete. Erst die „Bann Strahlen", schreibt Stolle, machten ihn „biegsam und geschmeidig". „Anstatt seines vorhergehenden Trotzes war nun sein Herz mit Furcht und Bangigkeit erfüllet". Es kam zu einem Vergleich. Christian Schlesse bat seine Gegner, allen ihnen zugefügten Ärger zu vergessen, fortan wolle er in Einigkeit, Friede und Freundschaft leben. Falls wieder „Irrung" entstehen sollte, wurden die Kalandsbrüder als Schlichter festgelegt. Martin Bylow wurde als zweiter Priester an der Heilgeistkirche angestellt, und Schlesse versprach, sich dem nicht zu widersetzen. Im Jahre 1487 übereignete das in der Stadt bekannte Geschlecht der von Kaland ein Grundkapital von 1200 sundischen Mark und 20 Mark jährlicher Pacht der Heilgeistkirche zu Demmin, wie sie sagten: „zur Mehrung des Dienstes Gottes und seiner Mutter Maria". Mit solchen Stiftungen waren genaue Verträge verbunden, aus denen hervorgeht, für wen, wie viele und wie die Messen zu lesen sind. Auch der Rat beteiligte sich an dieser Stiftung und gab den Priestern „zum heiligen Geist" freie Wohnung und bestätigte noch einmal ausdrücklich deren Brau- und Backgerechtigkeit. Nach der Reformation (1535) vereinsamten die meisten Gotteshäuser der Stadt, und es wurde nur noch in zwei Kirchen gepredigt.

Im Dreißigjährigen Krieg (1618-1648) verringerte sich die Einwohnerzahl so, dass eine einzige Kirche genügte. In dieser Zeit wurde sicher das Gebäude verwüstet und, nachdem 1656 die Hospitalhäuser durch einen großen Stadtbrand vernichtet worden waren, wurde die Kirche für andere Zwecke verwendet. So heißt es dann auch 1664 in den Kirchenakten: „Die Heilgeistkirche ist schon vor vielen Jahren zum Proviantsamt und Zeughaus gemacht." Und die Hospitalakten von 1669 nennen es schon das „Königliche Magazin". Bis zum Jahre 1870 wurde die Kirche von der Steuerbehörde als Salzspeicher genutzt, danach als Torfspeicher. Früher hatte die Kirche zwei sehr steile Dächer mit zwei Giebeln, nun als Speicher nur ein flaches Pappdach. Nach 1900 gab es mehrere Vorschläge für die Nutzung des alten Gebäudes, die aber immer wieder am Geldmangel scheiterten. Zum Schluss war es Wagenremise und Materialwarenhaus. Über sieben Jahrhunderte trotzten die Mauern allen Angriffen der zerstörenden Zeit – das vorige Jahrhundert brauchte nur eine Nacht.

Hugo Lemcke, Bau- und Kunstdenkmäler des Regierungsbezirkes Stettin,Heft 1, der Kreis Demmin, 1898

Sie wurde schon lange nicht mehr als Gotteshaus genutzt – die Heilgeistkirche auf einem handkolorierten Diapositiv von 1924. Aufnahme: Karl Trettin

MIT GARTENLOKAL „SANSSOUCI"

Die Demminer Bockbrauerei und ihre allseits beliebten Getränke

Gambrinus, König von Brabant,
Das Bierbrauen zuerst erfand.
Drum können wir Brauer
mit Stolz wohl sagen,
dass wir einen König zum Meister haben.

Wenn sich dieser Spruch der Brauer auch bis in die heutige Zeit erhalten hat, so erfand doch keiner aus dem alten, deutschen Fürstenhaus derer von Brabant das Bierbrauen. Durch Ausgrabungen bildlicher und schriftlicher Darstellungen ist man heute sehr gut unterrichtet, dass schon vor mehreren tausend Jahren im alten Ägypten Bier gebraut wurde. Bei den alten Germanen stellte die Hausfrau das benötigte Bier für den Hausbedarf her. Im Mittelalter waren es hauptsächlich die Klöster, die die Braukunst förderten und weiterentwickelten. Parallel dazu entstand im Laufe der Jahre die Braukunst als ein selbständiges Gewerbe. Die Brauer hatten sich besonders in den Städten zu einer Brauer-Zunft zusammengeschlossen, die im Rat der Stadt Sitz und Stimme hatte.

Auch die Hansestadt Demmin besaß in früheren Jahrhunderten etliche kleine und kleinste Brauereien und brauberechtigte Bürger, welche ihr Bier selbst ausschenkten und auch an nahe gelegene Gasthöfe lieferten. Die Brauer-Zunft hatte jedoch das Gebräu vor dem Ausschank zu begutachten. Man goss das frisch gebraute Bier auf einen Holzschemel, und darauf setzte sich ein Brauer mit seiner Lederhose. Klebte die „Büx" fest, so war das Bier gut, andernfalls ließ man es in den Rinnstein laufen.

Das Wasser zur Bierherstellung lieferten die drei Flüsse Peene, Tollense und Trebel. Demmins Chronist Karl Stolle schreibt 1772 dazu: „Das Wasser das sie führen ist gut rein und gesund für Menschen, Tiere und Fische. Das Bier was daraus gebraut wird, ist, wenn man mit dem Malzen, dem Brauen und Hopfen-Kochen gehörig umgehet, ganz gesund, klar und wohlschmeckend. Mann kann es besonders bei dem Doppel-Bier wahrnehmen." Nun sollte man das Bier von damals nicht mit dem heutigen vergleichen. Gebraut wurde bis 1862 nur obergäriges Bier in der Stadt. Diese Bezeichnung stammt von der obergärigen Hefe, welche zur Oberfläche des vergorenen Bieres steigt und sich dort absetzt. Nach sechs bis acht Tagen waren diese Biere konsumreich, mussten aber wegen ihrer geringen Haltbarkeit baldigst getrunken werden, weil sonst daran „Hopfen und Malz" verloren waren, wie das Sprichwort sagt.

Bier wurde in der Stadt damals sehr gerne und bei jeder Gelegenheit zu sich genommen. Als im Jahre 1571 der „düstere Keller" (Gefängnis im Pulverturm) neu gemauert werden musste, opferte die Stadt nach und nach sechs Tonnen Bier. Die Arbeit war für die Maurer damals nicht allzu ehrenhaft, und darum musste die „Arbeitslust" angefeuert werden. So spendabel soll die Stadt mit Bier sonst niemals gewesen sein.

Im Jahre 1859 gründete der Bürger Brahtz die Demminer Bockbrauerei und stellte seine Produktion drei Jahre später auf untergäriges Bier um. Dieses trat um 1800 seinen Siegeszug von Bayern über ganz Deutschland an. Es entstanden große Gärlager für die 14-tägige Gärung und die berühmten Eiskeller für eine

Die Demminer Bockbrauerei AG auf einer großformatigen Lithografie von Eckert & Pflug, Leipzig, um 1909. Sammlung: Erwin Trettin

mehrmonatige Lagerung bei zwei bis drei Grad Celsius. 1864 verkaufte Brahtz die Brauerei an Kaufmann Johannes Kossow und Maurermeister Ferdinand Voigt. Letzterer schied fünf Jahre später aus, danach war die Bockbrauerei 40 Jahre lang im Besitz der Familie Kossow. 1909 wandelte man das Unternehmen in eine Aktiengesellschaft um und ließ es als Demminer Bockbrauerei AG ins Handelsregister eintragen. Im ersten Geschäftsjahr konnte die neue AG das 50-jährige Bestehen der Brauerei im eigenen Gartenlokal „Sanssouci" unter Beteiligung von Geschäftspartnern und der Demminer Bürgerschaft feiern. Die Brauerei hatte sich aus kleinsten Anfängen im Laufe der Jahre zu einem leistungsfähigen Unternehmen entwickelt. Sie beschäftigte um die Jahrhundertwende durchschnittlich 45 Arbeiter und Angestellte. Die Kraftanlage bestand aus 2 Dampfkesseln von 50 und 60 m² Heizfläche, 2 entsprechenden Dampfmaschinen, 2 Kühl- und Eismaschinen und einer elektrischen Kraft- und Lichtanlage. Das Malz wurde in der eigenen Mälzerei hergestellt, und in der Trockenanlage konnten landwirtschaftliche Erzeugnisse gegen Lohn getrocknet werden. Das doppelte Sudwerk mit kup-

Die Ansichtskarte aus dem Jahre 1899 zeigt das brauereieigene Gartenlokal „Sanssouci".

fernen Dampfbraupfannen erzeugte 250 Hektoliter Bierwürze in 24 Stunden.
In den ausgedehnten unterirdischen Kellereien befanden sich stahlemaillierte Gär- und Lagertanks von 15000 bis 19000 Liter Inhalt sowie eichene Gärbottiche

Sehr beliebt, waren die „Brause-Limonaden" der Demminer Bock-Brauerei AG

und Lagerfässer von 8000 bis 16 000 Liter. Die Flaschenkellerei war mit Reinigungs- und Etikettiermaschinen auf eine Stundenleistung von 2000 Flaschen eingerichtet. Zum Fuhrpark gehörten vier Lastkraftwagen, vier Lieferwagen und fünf Gespanne. Die Brauereierzeugnisse an Fass- und Flaschenbieren sowie alkoholfreien Getränken übernahmen die Bierverleger in Grimmen, Loitz, Treptow a. Toll., Stavenhagen, Malchin, Neukalen, Dargun und Gnoien zum Weitervertrieb. Großen Schaden richtete der Erste Weltkrieg in dem Gewerbe an. In dieser Zeit wurden in Deutschland Tausende kleiner und mittlerer Brauereien für immer stillgelegt. Danach existierten in Vorpommern nur noch je eine Brauerei in Stralsund, Greifswald und eben in Demmin. 1934 feierte das Unternehmen mit seinen 65 Angestellten das 75-jährige Bestehen als Brauerei und 1959 konnte man auf 100 Jahre Bockbrauerei zurückblicken.

Ende 2004 lagen bereits zwei Abriss-Anträge vor - einer für das Produktionsgebäude, ein roter Backsteinbau mit Fabrikschornstein aus der zweiten Hälfte des 19. Jahrhunderts. Der andere für die zwei Häuser daneben - verputzte, mit klassizistischen Stuckelementen versehene Häuser aus dem ersten Drittel des 19. Jahrhunderts. Heute ist das gesamte Brauerei-Ensemble abgerissen.

5. Beiblatt zum „Demminer Tageblatt",
27. Juni 1936
Hermann Eichblatt, Sagen aus Demmin und Umgebung, Demmin 1925
Karl Stolle, Beschreibung und Geschichte des Hansestadt Demmin, 1772

Reklameschild der Demminer Bockbrauerei AG von 1920.

„Hopfen und Malz Gott erhalts, hoch lebe die edle Bierbrauerei!" - 1934 feierte die Demminer Bockbrauerei unter Direktor Hermann Mergell das 75. Gründungsjubiläum.

GROSSE LIEBE ZU DETAILGETREUER MALEREI

Karl Trettin hat Demmin wertvolle Ansichten hinterlassen

Neben der bedeutenden Malerin Ilse von Heyden-Linden hat die Stadt Demmin weitere Künstler aufzuweisen, die weniger bekannt sind. Einer von ihnen war der Maler Karl Trettin. Es war ein Zufall, dass ich auf diesen, doch bemerkenswerten Demminer Künstler aufmerksam wurde. Im Zuge der Nachforschungen um den Demminer Physiker Dietrich von Heyden-Linden konnte ich einen Teil seines Nachlasses einsehen.

Im Nachlass des Dietrich von Heyden-Linden (1898-1986) finden sich unter anderem viele alte Fotoplatten mit Portraitaufnahmen aus den 1920er- bis 1940er- Jahren. Hinzu kommen noch einige Aufnahmen, die das alte Demmin aus jener Zeit zeigen. Das besondere an diesen Aufnahmen ist zum einen die besondere handwerkliche Qualität und zum anderen das Gespür des Fotografen für Licht und Schatten. Es sind teilweise Motive, die ein Maler nicht besser hätte darstellen können. Als besonders interessant erwiesen sich jedoch zehn Aufnahmen, die das zerstörte Demmin im Jahre 1945 darstellen. Es sind zwar bereits bekannte Bilder, doch wurden sie bislang im Heimatmuseum Dietrich von Heyden-Linden zugeordnet.

Im Mai 2008 initiierte der Förderverein des Kreisheimatmuseums Demmin die Ausstellung „Welch herrliches Helldunkel! Die Frühzeit der Photographie in Mecklenburg-Strelitz und Demmin". Angeregt durch diese Schau, übergab die Enkelin des Künstlers, Renate Hoffmann, dem Museum eine Reihe von Bildern aus ihrem Privatbesitz, die nachweislich Karl Trettin aufgenommen hatte. Einige dieser Bilder sind identisch mit den Fotoplatten, die im Nachlass von Dietrich von Heyden-Linden gefunden wurden. Endgültige Gewissheit jedoch ergaben einige Motive, die Karl Trettin fotografierte und nach dessen Vorlage er Bilder malte. Ein Beispiel dafür ist das Aquarell „Turmstraße", das 1945 nach einer Fotografie entstand. Mit der Hilfe von Renate Hoffmann konnte der künstlerische Nachlass von Karl Trettin, soweit noch vorhanden, aufgenommen und sein Lebensweg nachvollzogen werden.

Karl Friedrich Wilhelm Trettin wurde am 21. September 1872 in Treptow a. R. im damaligen Pommern geboren. In den Jahren 1878 bis 1886 besuchte er die Schulen in Ahrenshoop, Schmolzin bei Stolp und Bartin bei Rummelsburg. Am 1. März 1887 begann er eine kaufmännische Lehre für Manufaktur und Modewaren bei der Firma Karl Gombert in Ückermünde. Wie er selber in seinem Lebenslauf berichtet, war sein Entgelt: „Freier Unterhalt". Anschließend übernahm die Firma den damals 19-jährigen als Gehilfen. Zum „Freien Unterhalt" kam nun ein monatliches Gehalt von 25 Mark. Durch Vermittlung von Karl Gombert wechselte Karl Trettin 1891 zur Firma Franz Gombert nach Neusalz, um dort als Verkäufer und Dekorateur zu arbeiten. In diesen Jahren begann er mit Bleistift auf Papier seine ersten Zeichnungen anzufertigen. Im März 1892 kehrte er zu seinen Eltern zurück, die jetzt in Wangerin in Hinterpommern lebten. Nach der, wie er schreibt, „Erholung bei den Eltern", begann am 1. Oktober 1892 seine Militärzeit als dreijähriger Freiwilliger bei der Feldartillerie Regiment 5 in Glogau in Schlesien. Von Hause aus war er gewohnt, sich in dieser sehr eigenen Welt zurechtzufinden, war doch sein Vater Trompeter in einer Militärkapelle. 1893 wurde er Gefreiter, 1895 Unteroffizier, 1898 Sergeant und 1899 Wachtmeister. Während dieser Zeit entwickelte er seine Malerei stetig weiter. Sobald es ihm sein Dienst erlaubte, suchte Karl Trettin sich Motive in den Städten und Dörfern, aber auch in der freien Natur. Es entstanden sehr viele Bleistiftzeichnungen wie „Glogau" (1893), „Geschützpark" (1896) oder „Flussbadeanstalt Hammerstein" (1898), aber auch einige Tuschezeichnungen wie „Dorfansicht" (1892) oder „Mauer am Bober" (1896). Im November 1900 wurde Karl Trettin als Halbinvalide aus dem offiziellen Militärdienst in die Reserve, also in die Landwehr, entlassen. Welches Ereignis zur Invalidität führte, ist nicht überliefert.

Noch Ende des Jahres heiratete Karl Trettin Marta Friebs in Glogau. Kurzzeitig arbeitet er als Abrechnungsbeamter in einer Versicherungsgesellschaft und wurde 1903 als Feldwebel in die Halbinvaliden-Abteilung „V. A. K. Posen" als Wallrevidierer berufen. 1908 endete seine Militarzeit, und die Familie Trettin siedelt nach Wreschen über, eine Kleinstadt bei Posen. Karl Trettin, mittlerweile 36 Jahre, übernahm eine Anstellung als Diätar im Postamt Wreschen. Dort nun begann seine zweite berufliche Laufbahn, die ihn ein Leben lang begleiten sollte. Die Strukturen der Post waren denen des Militärs ähnlich und somit für Karl Trettin nicht neu. Das Fachwissen indes eignete er sich in seiner bisweilen strengen Selbsterziehung an und erwarb sich dadurch eine Vertrauensstellung gegenüber seinen Vorgesetzten. Natürlich darf man in diesem Zusammenhang die damals hoch geachtete Stellung des Militärs innerhalb Deutschlands nicht verkennen. Ehrenvoll Entlassene aus einer freiwillig absolvierten Dienstzeit stiegen in aller Regel ungehindert in ähnlich angelegten Institutionen auf. 1909 wurde Karl Trettin zum Postassistenten befördert.

Elsbeth und Karl Trettin im Garten der Großeltern in Wangerin, 1918.

Im November 1911 starb überraschend seine Frau Marta. Offenbar hatten die Eheleute einen Sohn, der bei den Großeltern lebte. Nach dem Trauerjahr heiratete Karl Trettin am 22. November 1912 Elsbeth Richter. Das Ehepaar mietete kurze Zeit später eine Wohnung in einem Jugendstilhaus in Wreschen. In dieser Zeit entstanden die ersten Aufnahmen mit einer Plattenkamera.

Beides, Malerei und Fotografie, entwickelte Karl Trettin mit dem ihm eigenen

Perfektionismus stetig weiter. Es entstanden Aquarelle – unter anderem 1915 das „Mohnfeld", 1916 der „Brüderturm" in Lauban und 1919 die Stadtansicht „Wreschen". Karl Trettin fotografierte sein Wohnhaus, machte Innenaufnahmen seiner Wohnung und Portraitaufnahmen zu Weihnachten. In dieser Zeit kamen auch die beiden Kinder Gerda und Hans zur Welt. Im Jahre 1915 wurde Karl Trettin zum Oberpostassistenten und fünf Jahre später zum Postsekretär befördert.

Berufliche Gründe führten zu einer Übersiedelung der Familie in das vorpommersche Demmin. Die Trettins bezogen eine geräumige Etagenwohnung in der Bahnhofstraße und zogen später in die Gartenstadt. „Die alte Schulstraße" und „Selbstbildnis" sind nur zwei Ölbilder, die hier in Demmin entstanden, wobei das „Selbstbildnis" nach einer Fotografie gemalt wurde. 1945 fotografierte Karl Trettin heimlich die zerstörte Stadt Demmin und stellte nach einigen dieser Aufnahmen Aquarelle her. Fotos und Bilder sind heute wichtige Zeitdokumente der Hansestadt.

Renate Hoffmann erinnert sich an ihren Großvater als einen liebevollen, aber auch strengen Opa: „Er hat eine Puppenstube und Möbel für mich gebaut. Aber auch durch strenge Aufsicht mir als Linkshänder das Schreiben mit der rechten Hand beigebracht." Eines hat sie nie vergessen: „Der Weihnachtsmann hatte die gleichen Schuhe an wie der Opa."

Karl Trettin starb am 17. Juli 1954 im Alter von 82 Jahren in Demmin.

Nach Dokumenten aus dem Nachlass von Karl Trettin

Dieses von Karl Trettin heimlich fotografierte Bild ist die Vorlage für das Aquarell „Luisentor" gewesen. Entstanden 1945, ist es heute ein wichtiges Zeitdokument Demmins.

In Wreschen bei Posen entstand 1915 das Aquarell „Mohnfeld“.

Das Aquarell „Heilgeistkirche“ ist heute in Privatbesitz.

Sein „Selbstbildnis“ hat Karl Trettin 1940 nach einer Fotografie gemalt.

183 JAHRE ZEITUNG IN DEMMIN

Aus der Geschichte der Buchdruckerei W. Gesellius

Das Bedürfnis nach der Kenntnis von Neuigkeiten ist von jeher eine Eigenschaft der Menschen gewesen. Waren im Mittelalter die fahrenden Sänger die Träger gelegentlicher Nachrichten, so tauchte parallel dazu auch schon bald der schriftliche Nachrichtenverkehr auf. Beides, mündliche und schriftliche Mitteilung, nannte man Zeitung. Dieses Wort tauchte zuerst Anfang des 14. Jahrhunderts auf und beinhaltete lediglich den Sinn einer Nachricht, und zwar einer einzelnen Nachricht über irgendein Ereignis. Dabei spielte es keine Rolle, ob die Nachricht lang oder kurz, ob sie politisch oder unpolitisch war, ob sie Kenntnis gab von einer Schlacht, einem Unwetter, einem Wunder oder sonst irgendeinem Ereignis. Die Erfindung der Buchdruckerkunst erleichterte die Verbreitung solcher Nachrichten oder Zeitungen auf bis dahin ungeahnte Weise. Es tauchten die ersten gedruckten „Neuen Zeitungen" auf und bekamen im Laufe der Jahre den Charakter einer fortlaufenden gedruckten Veröffentlichung neuester Nachrichten – Nürnberg 1614, Berlin 1617, Wien 1622, Leipzig 1630 und Hamburg 1631.

Auch Pommern hat schon früh eine solche Zeitung gehabt. In der Universitäts-Bibliothek zu Greifswald fand man Reste einer solchen Zeitung unter dem Titel „Bericht durch Pommern, Was newlich vorgangen" aus den Jahren 1636 und 1637. Dabei handelte es sich doch eher um eine lose Blattsammlung. Dann schon eher als eine Zeitung ansehen konnte man die 1759 gegründete Stralsundische Zeitung, der Greifswalder wöchentlichen Anzeiger (späteres Tageblatt für Vorpommern), gegründet 1811, oder die Kösliner Zeitung, die 1825 zum ersten Mal erschien.

Am 2. Oktober 1832 war es dann auch in der Stadt Demmin soweit. Ab jenem Tage erschien zweimal wöchentlich in einem kleinen Quartformat das Demminer Wochenblatt. Herausgeber war der erst 19-jährige Buchdrucker Wilhelm Gesellius. Sein Handwerk erlernte er in der bekannten Buchdruckerei Janssen in Schwedt a. O. Obwohl die Errichtung der Buchdruckerei in Demmin, Kahldenstraße 12, durch die Regierung in Stettin genehmigt war, durfte der junge Unternehmer sie noch nicht selber leiten. Deshalb wurde der Betrieb am 1. Oktober 1832 unter dem Namen seines Vaters, des Buchbindemeisters Johann

1. Jahrg.

Bestellungen auf dieses Blatt können bei den Herren Buchbindern Wegner in Loitz, Demohn in Treptow und Weber in Anclam, so wie bei allen Königl. Wohllöbl. Post-Aemtern gemacht werden. — Der vierteljährliche Pränumerations-Preis ist 10 Sgr. — Auswärtige zahlen den Porto-Aufschlag mehr.

№ 1.

Jeder Theilnehmer kann seine Bekanntmachungen, die Spaltzeile mit 6 Pf., in dieses Blatt einrücken lassen; jeder Nichttheilnehmer entrichtet für die Zeile 1 Sgr. — Auswärtige belieben ihre Bekanntmachungen entweder an erstgenannte Herren Expedienten, oder portofrei an die Redaktion einzusenden.

Demminer Wochenblatt.

Zum Nutzen und zur angenehmen Unterhaltung.

(Demmin, gedruckt und im Verlage bei Gesellius, Redakteur.)

Mittwoch, den 3. Oktober 1832.

Die Wochenblätter.

Noch vom Todesschlaf umgeben,
Unbeachtet, ungekannt
Waren wir, da ward uns Leben
Von des Meisters mächt'ger Hand.
„Auf! nicht müßig dürft ihr liegen, —"
Sprach er, — „nein jetzt ausgesandt
Eilt zum Nutzen und Vergnügen
Vogelschnell durch Stadt und Land!"

„Seherkraft soll euch beseelen,
Zukunft und Vergangenheit,
Wo ihr hinkommt zu erzählen;
Und auf euren schnellen Zügen
Sei die Muse, das Vergnügen
Euch zu geben, stets bereit."

Sprach's, und alle drauf wir Brüder
Wurden munter, wurden wach,
Zogen auf, und zogen nieder
Unserer Bestimmung nach.

Dienstbereit steh nun auch ich
Hier vor Dir, den ich zum Herrn
Mir erwählet. Sei mir hold.

Die erste Ausgabe des Demminer Wochenblattes erschien am 3. Oktober 1832 beim Verlag W. Gesellius.

1938 – das „Demminer Tageblatt" als Aushang im Schaufenster des Geselliushauses.

Gottlieb Gesellius, eröffnet natürlich mit einer Anzeige in eigener Sache: „Hierdurch mache ich die ergebenste Anzeige, dass meine Buchdruckerei jetzt vollständig eingerichtet, ich mich zu allen hierzu gehörenden Arbeiten bestens empfehle" - Gesellius.

Die Genehmigung zur Herausgabe einer Zeitung war zu damaliger Zeit noch mit etlichen Auflagen verbunden. So durften neben den örtlichen Anzeigen und Bekanntmachungen zur „Raumausfüllung" kleine Erzählungen, Anekdoten und Rätsel gebracht werden. Ausgeschlossen von der Veröffentlichung waren Themen wie Religion, Politik und Staatsverwaltung. Mit der Zensur der einzelnen Ausgaben wurde die Polizeibehörde in Demmin beauftragt. In erster Linie nutzten das Demminer Wochenblatt die verschiedenen Behörden, wie der Magistrat Demmin, das Königliche Postamt, das Königlich Preußische Kreisgericht und natürlich die Königliche Polizeibehörde zur Veröffentlichung ihrer Bekanntmachungen. Auch die vielen Händler und Bürger aus den Städten Demmin, Treptow a. Toll., Jarmen, Loitz, Anklam und Greifswald sowie der Landkreise wussten bald den Wert der Anzeigen in der Zeitung zu schätzen.

Im Februar 1848 erwarb Wilhelm Gesellius das Haus in der Baustraße 45 und richtete da Buchdruckerei und Verlag ein. Von hier aus organisierte er den Vertrieb des Demminer Wochenblattes mit Ausgabestellen in Loitz, Treptow a. Toll. und Anklam. Zu Anfang musste die Zeitung noch auf der Handholzdruckpresse hergestellt werden. Ein fleißiger Buchdrucker konnte damit immerhin 200 Drucke in der Stunde leisten. Je nach Auftragslage erschien das Wochenblatt mit 4, 6 oder 8 Seiten Umfang. Neben den allgemeinen Druckaufträgen für Geschäfte und Familien sind auch etliche Bücher aus dem Verlag Gesellius hervor-

Demminer Tageblatt

Die Heimatzeitung für Pommern … burg

Festnummer

Vereinigt mit Demminer Kreiszeitung

Nachrichtenblatt für Stadt und Kreis Demmin mit den Bekanntmachungen aller staatlichen und städtischen Behörden

Sondernummer für die 700-Jahrfeier der Stadt Demmin · Festwoche vom 27. Juni bis 5. Juli 1936

700 Jahrfeier der Stadt Demmin

Der Marktplatz in Demmin

Photo: Heiser.

Aus Anlass der 700-Jahrfeier der Stadt Demmin brachte das Demminer Tageblatt eine Sonderausgabe heraus. Erstmals wurde diese mehrere Seiten umfassende „Festnummer" im Zweifarbendruck hergestellt. Der Fotograf Bruno Heiser lieferte das Titelbild für den Sonderdruck im Jahre 1936.

Demminer Tageblatt

Jubiläums-Jahrgang

General-Anzeiger für Pommern u. Mecklenburg

W. Gesellius Demmin

Nr. 305 — Donnerstag, den 31. Dezember 1931 — 100. Jahrgang

100

1832 — 1932

WILHELM II. GESELLIUS — WILHELM III. GESELLIUS — WILHELM I. GESELLIUS

Es schien ein großes Wagnis, als am Mittwoch, dem 2. Oktober 1832, der jugendliche, erst 19½ Jahre alte Buchdrucker Wilhelm Gesellius in der kaum 10 000 Einwohner zählenden Stadt Demmin eine Zeitung herausgab. Das Demminer Wochenblatt sollte zweimal wöchentlich in kleinem Quartformat, wie im ersten Beiblatt abgebildet, erscheinen. Bis dahin gab es in Pommern außer einigen in Stettin erscheinenden Blättern nur die

Stralsundische Zeitung, gegründet 1759 (älteste Zeitung in Pommern),

Greifswalder wöchentlicher Anzeiger (späteres Tageblatt für Vorpommern), gegründet 1811,

Zeitung für Pommern in Kolberg, gegründet 1824,

Allgemeines Pommersches Volksblatt in Köslin, gegründet 1825,

Kösliner Zeitung, gegründet 1825.

Das Lesebedürfnis war in damaliger Zeit nicht allzu groß. Aber bald benutzten verschiedene Behörden, wie der Magistrat Demmin, das Königl. Postamt, das Königl.-Preußische Kreisgericht, die Königl.-Landräthlich Behörde, das Tangrimmer-Patrimonial-Gericht zu Gnoyen, das Großherzogl. Stadtgericht zu Gnoyen, der Bürgermeister und Rath der Stadt Parchim, das preußische Stadtgericht und die Königl. Polizeibehörde zu Demmin u. a. das Demminer Wochenblatt zur Veröffentlichung ihrer Bekanntmachungen. Auch die Kaufmannschaft und die Bürger aus den Städten Demmin, Treptow a. Toll., Jarmen, Loitz, Anclam und Greifswald, sowie der Landkreise wußten bald den Wert der Anzeigen in der Zeitung zu schätzen.

Der Begründer unserer Zeitung war in der Buchdruckerei Jantzen in Schwedt a. Oder technisch gut ausgebildet und zeigte in seiner bescheidenen einfachen Weise die Eröffnung seines Betriebes folgendermaßen an:

> Hierdurch mache ich die ergebenste Anzeige, daß meine Buchdruckerei jetzt vollständig eingerichtet, ich mich zu allen hierzu gehörenden Arbeiten bestens empfehle.
>
> Gesellius.

Obwohl die Errichtung der Buchdruckerey durch die Regierung in Stettin genehmigt war, durfte der junge Unternehmer noch nicht selbständig firmieren und deshalb wurde am 1. Oktober 1832 der Betrieb zunächst unter dem Namen seines Vaters, des Buchbindermeisters Johann Gottlieb Gesellius, in dessen Hause Kahldenstraße 12 (jetzige

Zum 100. Jahrgang des Demminer Tageblattes erschien am 31. Dezember 1931 eine vierseitige Jubiläumsausgabe. Anschaulich wird darin die Geschichte der Zeitung dargestellt. Das Titelblatt schmückt eine Lithographie mit den Abbildungen der drei Generationen – von Wilhelm I Gesellius bis Wilhelm III Gesellius.

gegangen. So unter anderem vier Bände der „Tierarzneikunde" und alle Bände der „Pommerschen Chroniken". Durch die persönliche Freundschaft mit Fritz Reuter, der oft von Treptow a. Toll. nach Demmin kam und bei Wilhelm Gesellius übernachtete, wurde 1855 die erste und drei Jahre später die zweite Auflage von „De Reis' nach Bellingen" gedruckt.

1863 erwarb der Gründer der Zeitung die erste Schnellpresse und übergab zwei Jahre später Buchdruckerei und Verlag an seinen Sohn Wilhelm II. Gesellius. Das inzwischen wöchentlich dreimal erscheinende Wochenblatt baute dieser zum Demminer Tageblatt aus. Er vergrößerte den Betrieb, schaffte zwei neue Schnellpressen an und erweiterte den Absatz der Buchdruckereiwesentlich.

Auch sein Sohn Wilhelm III. Gesellius, der den Betrieb 1901 übernahm, investierte vor allem in moderne Technik. Mit der Aufstellung von Linotype-Setzmaschinen und einer Rotationsdruckmaschine waren Verlag und Druckerei auf dem höchsten Stand der Technik. Auf der Druckmaschine konnten 8000 achtseitige Zeitungen stündlich gedruckt, gefalzt und abgezählt werden.

Alle drei Inhaber der Firma W. Gesellius zeigten für das so genannte Allgemeinwesen der Hansestadt Demmin großes Interesse. Sie bekleideten jahrelang Ehrenämter als Stadtverordnete und Stadträte. 1936 ließ Dr. Wilhelm Gesellius das noch heute vorhandene und unter Denkmalschutz stehende Geselliushaus an der Ecke Mühlenstraße errichten. Einen besonderen Fassadenschmuck zeigt die Giebelecke an dem über zwei Stockwerke gehenden Erker. Plastisch herausgearbeitet findet man hier die Zunftzeichen verschiedener Gewerke. So zum Beispiel die Eule als Sinnbild der Wissenschaft, der Merkurstab als Sinnbild des Handels, Rosen als Sinnbild der Gartenkultur und natürlich die Buchpresse als Sinnbild der Gewerbebetriebe der Druckerei.

„Demminer Tageblatt", 31. Dezember 1931

HANDKOLORIERTE ANSICHTEN VON DEMMIN

Eine ganz eigene Geschichte

In den Jahren 1923 bis 1938 war der Oberinspektor der Deutschen Post in Demmin, Karl Trettin, sehr viel in der Hansestadt, aber auch der näheren Umgebung unterwegs. Ständiger Begleiter war dabei eine Handkamera, mit der er 9 x 9 cm Aufnahmen auf Glasplatten machte. Dieses besonders kleine Plattenformat eignete sich besonders für so genannte Diapositive. Diese Diapositive wurden für die Projektion über eine „Projektionslaterne" (heute Diaprojektor) hergestellt. Die Vorführungen mittels eines Projektionsapparates waren besonders in den 20er Jahren des vorigen Jahrhunderts als lehrhafte und auch unterhaltsame Zwecke sehr verbreitet. Damit war man in der Lage, einem größeren Personenkreis gleichzeitig ein Bild zu zeigen, und dazu noch in einem größeren Format. Aufnahmen für die Diaprojektion verlangten vom Fotografen schon einiges Geschick und Einfühlungsvermögen. Im „Leitfaden der Landschafts-Photographie" aus dem Jahre 1917 heißt es dazu:

„Am besten geeignet zur Herstellung von Projektionsdiapositiven ist der Pigmentdruck, doch geben auch Chromsilberplatten wesentlich einfacher und schneller sehr gute Resultate. In dem Bestreben, möglichst kräftige Platten mit glasklaren Lichtern zu erhalten, werden die Diapositive häufig so kurz belichtet und entwickelt, dass die Lichtpartien fast völlig wegbleiben. Ein gutes Diapositiv muss alle Mitteltöne des Originals enthalten. Ebenfalls darf das Diapositiv nur sehr dünn sein, was wiederum ungeeignet für elektrisches Licht ist..."

Die Ausführungen in diesem Buch gehen noch über mehrere Seiten fort und zeigen, dass die Fotografie erst am Anfang ihrer Entwicklung stand. Das betraf auch die verschiedenen Kameras, die dem Fotografen zur Verfügung standen. Ausgehend von der legendären Plattenkamera mit Stativ für großformatige Aufnahmen, setzten sich in den 1930er Jahren besonders handlichere Kameras durch. Neben der Plattenmagazinkamera waren es besonders die verschiedenen Spiegelreflexkameras, die immer mehr den Markt eroberten.

Auch für Karl Trettin gab es in diesem Metier ein großes Feld des Probierens und Experimentierens. Es entstanden etliche Diapositive, von denen heute noch 40 erhalten sind. Jedoch handelt es sich dabei nicht um einfache Schwarz/Weiß-Dias, sondern um Farb-Dias. Zarte, zur Stimmung des Bildes passende Töne konnte man den Diapositiven durch nachträgliches Überlegen mit Anilinfarben geben. Dazu weichte man die Platte ein, ließ sie so weit wieder trocknen, dass überschüssiges Wasser nicht mehr auf der Gelatine stand, und strich dann die Farben mit einem nicht zu kleinen Haarpinsel gleichmäßig auf. Der Farbton durfte nur ganz zart sein. Ein vollständiges, naturalistisches Auskolorieren erforderte eine sehr geschickte Hand. Anschließend wurde eine dünne Deckscheibe aus Spiegelglas aufgelegt und an den Rändern mit dem Diapositiv durch Gummipapier zusammengeklebt. Als Fotograf konnte eindeutig Karl Trettin nachgewiesen werden. Die Aufnahmen wurden mit einer sehr feinfühligen und geschickten Hand koloriert. Besonders die Landschaftsaufnahmen zeigen einen künstlerischen Blick für Farben und Farbabstufungen. Es ist anzunehmen, dass Karl Trettin, der in der Hansestadt auch als Maler bekannt war, diese Diapositive auch kolorierte. Die Auswahl der Motive und die Umsetzung der Schwarz/Weiß-Aufnahmen in eine farbige Welt machen diese Dias zu einer gelungenen Einheit. Da einige der Glasplatten durch Risse und Kratzer stark beschädigt sind, machte sich eine digitale Bearbeitung erforderlich. Dabei wurde jedoch bewusst darauf geachtet die originale Einfärbung nicht zu verfälschen.

Bild linke Seite:
Absolut saubere, handkolorierte Schwarz-Weiß-Aufnahme der Postkutsche „Reichspost 259" auf dem Hof des Demminer Postgebäudes in der Anklamer Straße. Auf dem Originalfoto ist auf der Rückseite vermerkt: „Zum Andenken an die letzte Pferdepost am 24. April 1930". Die Aufnahme zeigt den Schimmel des Posthalters Boeck der die Paketzustellung mit dem Bahnhof bewerkstelligte. Man erzählte sich, dass der Schimmel später noch lange nachts mit dem Huf gescharrt hat, um seinen Herrn an die Bahnhofsfahrt zu mahnen.
Das Foto ist ein Andenken für Wilhelm Awe (hinter dem Wagen).

Hier in der Luisenstraße befindet sich 1928 das Geschäft des Uhrmachers Otto Wege und gleich dahinter das Warenhaus von Gustav Ramelow. Auf der linken Seite am Luisentor stehten das Haus des Kürschnermeisters Hermann Wokersin und daneben die Möbelhandlung von Richard Willert.

DIE DEMMINER UND IHRE „WATERKUNST"

Aus dem Jahre 1569 stammt eine hölzerne Leitung

Es ist schon eine besondere Geschichte, mit der sich der Rektor der Demminer Knabenschule Karl Goetze um die Jahrhundertwende bei der Vorbereitung seiner Demminer Chronik (1903) beschäftigte. Anlass war die Verlegung von Gasrohren in der Innenstadt, die im Jahr 1860 begann. Bei den Schachtarbeiten stieß man auf alte, meistens noch gut erhaltene Holzrohre, die wahrscheinlich von einer alten Wasserleitung stammten. So fand eine fast intakte Leitung in der ganzen Länge der Menzerstraße, und auch in der Holsten- und Luisenstraße gab es Reste dieser hölzernen Rohre. Eine alte Wasserleitung in Demmin?

Da Karl Goetze für seine Chronik uneingeschränkten Zugang zu sämtlichen alten Akten im Rathaus hatte, begann er zielgerichtet nach Hinweisen zu suchen. Dabei fielen ihm die alten Kämmereirechnungen in die Hände, und darin fand er den ersten Hinweis auf eine „Waterkunst" im Jahre 1566.

Damals hatte die Hansestadt Demmin verschiedene öffentliche Brunnen, so an den Marktplätzen und in einigen Straßen, aber auch Privatbrunnen wie beim Stadthof und im Rathaus. Da die Stadt erhöht gegenüber den Flüssen Tollense und Peene lag, gab es im Spätsommer regelmäßig Wasserknappheit. Gerade zu dieser Zeit fand in Demmin die Erbhuldigung für Herzog Ernst Ludwig statt. Mit großem Gefolge weilte man drei Tage in der Stadt und das Wasser wurde zusehend knapper. Um in Zukunft dergleichen auszuschließen, beschloss der Rat der Stadt die Anlage einer Wasserleitung. Man setzte den Gedanken sofort in die Tat um. Das Erste, was man brauchte, war Geld. Also erhob die Stadt eine Wassersteuer - von jedem Erbe (Giebelhaus) ein Gulden und jeder Bude (Haus) eine sundische Mark. Zusammen ergab das im Jahre 1567 etwa 328 Mark für den Bau der Wasserkunst.

1568 wurde mit dem Bau begonnen. Dafür holte man sich einen „Kunstmeister" aus Rostock. Er nahm inner- und außerhalb der Stadt Vermessungen vor und schloss mit dem Rat der Stadt einen Vertrag ab. Als ständiger Leiter der Arbeiten blieb dann der „Kunstknecht" Caspar in der Stadt, die ihm einen Jahreslohn von 120 Mark zu zahlen hatte. Zimmerleute begannen mit dem Bau eines Kunsthauses außerhalb der Stadt an der Wasserentnahmestelle. Sie befand sich nahe der ehemaligen Demminer Zuckerfabrik, an den beiden Teichen der „Metelke", einem untergegangenem Dorf. Der Zimmermann arbeitete mit drei Gesellen 26 Tage an diesem Kunsthaus und erhielt dafür 11 Schilling pro Tag. Gleichzeitig mit dem Kunsthaus wurde am „Wasserkumm" (Kumm=großer Holztrog) auf dem Marktplatz und dem Stadthof gearbeitet. Dort bauten die Schiffsbauer, die dafür zwei Pfund Wachs verbrauchten. Zum Schluss bekam der Marktkumm noch einen „Messingschen Zapf-Hahn".

1569/70 wurde die Rohrleitung hergestellt. Die Hölzer kamen aus der Nähe von Anklam und Jakob Werke flößte sie mit Hilfe der Stadtbauern von Anklam die Peene aufwärts bis Demmin. Nun aber mussten die Rohre erst ausgebohrt und mit einer Art Muffe zusammengesetzt werden. Die hölzerne Leitung verlief in gerader Linie von den Teichen hinunter zu den Peenewiesen, durch die Peene wieder hinauf, durch die Menzer-

Eines der hölzernen Wasserrohre befindet sich heute im Kreisheimatmuseum Demmin.
Foto: Kreisheimatmuseum Demmin

pforte in der Stadtmauer und durch die Kützer- und Menzerstraße zum Markt. Schwierig gestaltete sich das Absenken in die Peene. So ging die Rohrlegung nur langsam vonstatten und war erst 1570 auf dem Markt angelangt. Drei Jahre später wurde die „Wasserkunst" feierlich eingeweiht. Jedoch hatten weder Rat noch Bürger Freude an ihr, denn sie funktionierte nicht richtig.

Gerade der Kumm auf dem Stadthof, der so nötig Wasser zum tränken des Viehes brauchte, war leer, da schon der Kumm auf dem Markt nicht genügend Wasser hergab. Dagegen standen viele Reparaturen und Ausgaben für Leder, Pech, Teer, Talg, Eisen und anderes. Der Rat war sich jedoch einig, dass der Wassermangel nicht an der Leitung liege, sondern am Kunstbrunnen, der nicht genügend Wasser hergab. Es musste eine andere Lösung, sprich eine andere Quelle gefunden werden. Diese fand man etwa 5 km westlich der Stadt im so genannten Wendenholz. Ende Januar 1619 wurden die Arbeiten erneut aufgenommen. Dafür verpflichtete man den Meister Jürgen aus Rostock, der das nötige Handwerkszeug beschaffte und den Neubau der Leitung in Angriff nahm. Es wurden zunächst 450 Stück „Röhrhölzer" zu je 2 Mark gekauft, die von einem „Kerl" aus Rostock ausgebohrt wurden. Im Kämmereiregister wird weiter vermerkt: Die Bauern aus den Stadtdörfern waren im Mai unausgesetzt tätig, das Holz heranzufahren. Der „Gräber" Frost machte vom 11 Juni ab die Gräben zur Aufnahme der Rohrleitung. Die Rohrleger waren ebenfalls aus Rostock gekommen. Tobias Voß verlegte mit seinen Gesellen bis Ende Oktober 1085 Rohre, die die Stadt 748 Mark und vier Schilling kosteten. Ein Demminer Schmied lieferte 1114 „Bussen", das waren Ringe zur Verbindung der einzelnen Hölzer, und Fischer Behrens senkte mit seinen Gesellen an zwei Tagen die Rohrhölzer auf den Grund der Peene. Weiterhin wurden die alten Leitungen in der Stadt geprüft und dazu noch 265 neue Rohre gelegt. Die gesamte Anlage kostete die Stadt 5547 Mark und sechs Schilling, wobei sonstige kleinere Ausgaben für Getreide, Bier und „aqua vitae" (so Meister Jürgen bei der anstrengenden Arbeit an der frischen Luft genossen) nicht mit eingerechnet waren.

Im Jahre 1622 waren alle Arbeiten abgeschlossen. Diesmal funktionierte die „Wasserkunst"! In den Rathausakten hieß es: „Über das vollendete Werk herrschte große Freude bei der Bürgerschaft. Die Bürger der Stadt waren auf Einladung des Rates hinausgezogen, um den Kunstbrunnen zu besichtigen. Bei einem Glas Bier auf Stadtkosten gaben sie ihrer Freude über das gesehene Ausdruck".

Schon nach 150 Jahren war der „Kunstbrunnen" in der Bevölkerung nur noch eine Legende. Heute kann man sich jedoch im Demminer Kreisheimatmuseum eine dieser Holzröhren ansehen. Für die Stadt war es zu damaliger Zeit sicher eine bedeutende Anlage und man kann sich nur den Worten des Chronisten Karl Goetze anschließen: Alles Irdische ist vergänglich!

Karl Goetze, Geschichte der Hansestadt Demmin, 1903

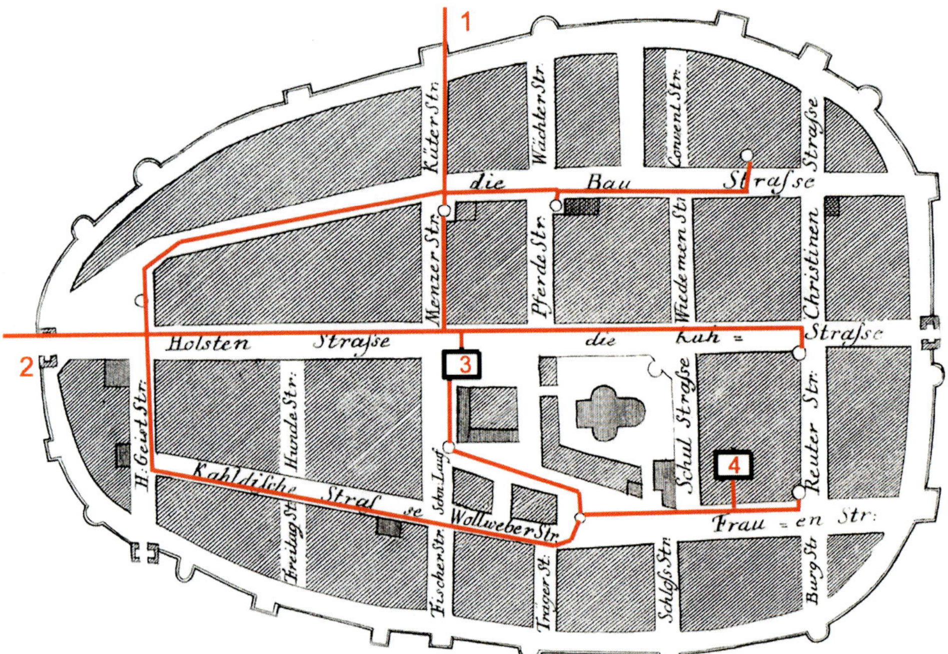

Anhand des Stadtplanes aus dem Jahre 1772 kann man die „Wasserkunst" gut nachvollziehen.

1 Erste Wasserleitung aus den Teichen der „Metelke" 1573.

2 Wasserleitung aus dem Wendenholz bei Drönnewitz 1622.

3 „Wasserkumm" am Markt

4 „Wasserkumm" auf dem Stadthof

Ein Aquarell von 1907 mit dem Brunnen an der Ecke Reuter- /Luisenstraße. 1622 war hier die Zapfstelle der Demminer Wasserkunst.

DIE REITER MIT DER LANZE

Das 2. Pommersche Ulanen-Regiment Nr. 9

Es gibt wohl kaum eine andere Stadt in Vorpommern, die so oft umkämpft war und zerstört wurde wie die Hansestadt Demmin. Hatten doch die Handelswege, die sich hier kreuzten, und vor allem die drei schiffbaren Flüsse den Bürgern der Stadt einen gewissen Wohlstand gebracht. Rund zwanzig Mal wurde Demmin seit dem 12. Jahrhundert belagert, oft erobert und ebenso oft zerstört. Aber ob Mecklenburger, Schweden oder Brandenburger - die Demminer lernten mit den Soldaten zu leben und zogen nicht selten ihren Vorteil daraus.
Mit dem Stockholmer Frieden 1720, in dem Vorpommern bis zur Peene endgültig preußisch wurde, begann auch die Rolle Demmins als Garnisonsstadt. Noch wechselten die verschiedenen Regimenter einander in kurzer Zeit ab. Nach Umgestaltung der Wehrverfassung und der Neubildung von Regimentern allerorts erging auch an Demmin die Anfrage der Königlichen Intendantur, ob die Stadt ein Regiment aufnehmen wollte. Nach langen Verhandlungen schlossen der Militärfiskus und die Stadt Demmin am 31. August 1860 einen entsprechenden Vertrag. Auf Befehl König Friedrich Wilhelms wurde dem neu gegründeten 2. Pommerschen Ulanen-Regiment Nr. 9 die Stadt Demmin als Garnison zugewiesen. Das Regiment wurde zusammengezogen aus Eskadronen in Anklam, Ückermünde und Treptow a. Toll. Am 18. Dezember 1860 zogen Stab 1. und 2. Eskadron von Anklam unter dem Jubel der Bevölkerung in die Stadt ein. Mannschaften und Pferde brachte man zum größten Teil im ehemaligen Arbeitshaus unter, einen kleinen Teil bei der Bürgerschaft.
Von da an war dieses Gebäude für die Demminer die Ostkaserne. Die Um- und Ausbauten des ehemaligen Arbeitshauses zur Kaserne kosteten der Stadt 31 000 Taler, die Stallungen für die dazugehörigen Pferde nochmals 34 000 Taler.
Für das Offizier-Korps richteten die Beamten und einige Privatpersonen am Tage des Empfangs ein Festmahl aus. Zwei Tage später wurden die Mannschaften in „Sanssouci", dem Lokal der Demminer Bockbrauerei, bewirtet. Ein Redakteur des Demminer Tageblattes hielt damals fest:

„In heiterster Stimmung brachten Offiziere, Bürgermeister Hagemeister, Stadtverordnetenvorsteher Rudolphy und einzelne redegewandte Soldaten Trinksprüche aus." Ein Jahr später rückte die 3. Eskadron von Treptow a. Toll. und das Jahr darauf die 4. Eskadron von Ueckermünde in Demmin an, so dass nun das gesamte Regiment hier konzentriert war. Im Spätsommer 1862 konnte die Stadt den Neubau der zweiten Kaserne übergeben. Da sie im Westen der Stadt lag, waren sich die Bürger schnell über den Namen einig - Westkaserne.

Die Stadt hatte nun alle Bauten und Einrichtungen geschaffen und ihre Verpflichtungen als Garnisonsstadt erfüllt. Für die Ostkaserne nebst Flügelanbau und Stallungen der Pferde, der Westkaserne und Nebengebäude, der Regiments-Reitbahn, dem Krankenstall, dem Lazarett und der Hauptwache am Markt betrugen die gesamten Baukosten 185100 Taler. Auch übernahm die Stadt die Bewirtschaftung der Kasernen, d. h. relativ hohe Kosten für Beleuchtung und Heizung. Eigens dafür wurde die so genannte „Garnison-Verwaltungs-Deputation" geschaffen.

Die geschäftlichen Beziehungen zwischen dem Magistrat der Hansestadt und den Militärbehörden sollen die ganzen Jahre über sehr gut gewesen sein, ebenso das Verhältnis zwischen Militär und Bürgern. Entsprechend dem damaligen Zeitgeist schrieb ein Redakteur in einem Artikel über die Demminer Ulanen: „In der gesamten Armee galten die 9. Ulanen als eins der am schmuckensten aussehenden Regimenter. Wie drehten sich die Mädchen nach den Demminer Ulanen in der hübschen Ulanka mit dem weißen Kragen und den weißen Aufschlägen und güldenen Knöpfen um!" Den Dienstanzug vervollständigten Epauletten, Fangschnur, Bandolier und blau-weiße Leibbinde. Zum Paradeanzug gehörte außerdem noch eine weiße Brustrabatte auf der Ulanka. Von ganz Pommern und auch aus dem benachbarten Mecklenburg zogen Jahr für Jahr im Herbst zahlreiche Freiwillige herbei, um ihre Dienstzeit in den Reihen der Ulanen zu erfüllen. Sicherlich spielte der Patriotismus jener Zeit eine wesentliche Rolle.

Im Konflikt Österreichs und Preußens mit Dänemark 1864 versahen die Demminer Ulanen den Küstenschutz gegen Dänemark und zwei Jahre später zogen sie als Kavallerieregiment gegen Österreich in den Krieg. Im Rahmen der militärischen Operationen gegen Frankreich 1870/71 nahm das Regiment

Ausritt der Demminer Ulanen im Juni 1913

vor allem am Gefecht von Chateau-Meslay teil. Hier erlitten sie schwere Verluste. 68 Eiserne Kreuze am schwarz-weißen und zwei am weißen Bande wurden den Offizieren und Mannschaften neben einer großen Anzahl anderer Orden verliehen.
Schon zu Beginn des Ersten Weltkrieges zeichnete sich das Ende des 2. Pommerschen Ulanen-Regiments Nr. 9 ab. Zügel und Lanze waren nicht mehr gefragt. Die Niederlage der deutschen Kavallerie im September 1918 bei Cambrai in Frankreich brachte den Ulanen schwere Verluste. Danach hieß es dann endgültig absitzen und sich von den Pferden zu trennen. Entsprechend dem Versailler Friedensvertrag wurde das Regiment aufgelöst.

Ehemalige Ulanen gründeten am 2. Juli 1921 den „Bund vaterlandstreuer 9. Ulanen" und riefen zu Spenden für ein Denkmal auf. Man übertrug Entwurf und Ausführung Fritz Richter-Elsner, einem bekannten Künstler aus Berlin. Um diese Anlage heute verstehen zu können, muss man zurückblicken. Deutschland hatte den Ersten Weltkrieg verloren. Diese Niederlage war für die Bevölkerung „Schmach und Schande" und man erinnerte sich an die so genannten „treudeutschen Werte". Diese fand man zum Beispiel in mystischen Helden-Epen wie dem Nibelungenlied. Richter-Elsner nahm das Epos als Grundthema für das Demminer Ulanendenkmal.
Am Westhang der Demminer Tannen, einem kleinen Wäldchen vor der Stadt, ließ

Alte Lithografie um 1890 aus dem „Patriotischen Hausschatz" vom Verlag A. Bergmann, Leipzig

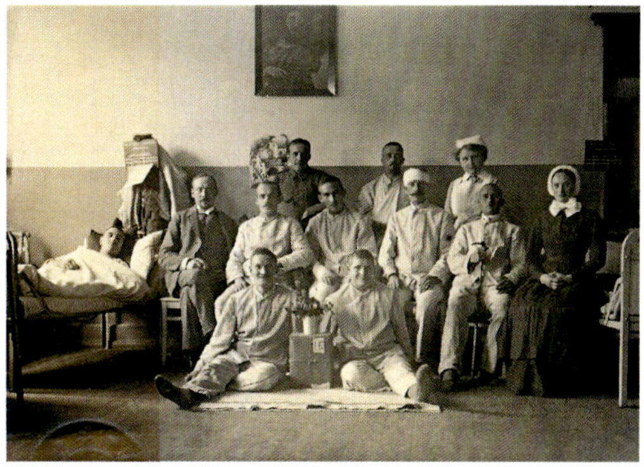

„Zur Erinnerung – Ihr ergebener Paul Henkel, Demmin den 19. Oktober 1915 (sitze neben dem Arzt).

Demmin, Westkaserne, Stube 58, III. Eskadron 2. Pomm. Ulanen-Regiment Nr. 9, 1910

Erinnerungsbild vor den Reitställen der Westkaserne, 1918

der Künstler mächtige Felssteine aufstellen. Verbunden durch eine steile Treppe konnte man links und rechts die „Tugenden der Germanen“ nachvollziehen. Die dort dargestellten Felsbilder hatten Namen wie „Das Kettentor“, „Der Siegfriedstein“, „Das Heldengrab“, „Nibelungentreue“, „Der Schwurstein“. Die Felssteine stammten zum größten Teil von den umliegenden Hünengräbern. Am oberen Ende der gesamten Anlage erhob sich das Reiterstandbild eines Ulanen mit der Lanze. Zwei große Pfeiler, durch eine Rundmauer verbunden, schlossen die ganze Anlage ab. Zwei Hochreliefs und metallene Gedenktafeln schmückten diese Ehrenwand. Unter großer Anteilnahme der Bevölkerung fand am 3. August 1924 die feierliche Einweihung statt. Alles, was seiner Aussage nach nationalistischem Geist und Germanenkult entsprach, wurde nach 1945 beseitigt. Fragmente des Reiterstandbildes konnten in den 90er Jahren des vorigen Jahrhunderts ausgegraben und an ihren ursprünglichen Platz gebracht werden. Die gesamte Anlage wurde gesichert und ist heute nach wie vor Zeugnis der Geschichte Demmins.

Beiblatt zum „Demminer Tageblatt“, 27. Juni 1936.
Der Bund vaterlandstreuer 9. Ulanen, Demminer Ulanen, 1925.

Demminer Ulan in Galauniform

Die wuchtige Denkmalanlage am Westhang der Demminer Tannen auf einer Ansichtskarte aus dem Jahre 1930.

DIE DEMMINERIN KAUFT BEI TODENHAGEN

Zu allen Zeiten haben Kaufleute das Leben einer Stadt, ihr Blühen und Gedeihen in starkem Maße beeinflusst. Dies trifft auch auf Erich Todenhagen und seine Demminer Firma zu.

Das Kaufhaus ist eine Weiterentwicklung des Fachgeschäftes zu einem großen Einzelhandelsbetrieb. Es bietet Waren in vielen Ausführungen, Preislagen und Qualitätsstufen an. Seine Entstehung verdankte das Kaufhaus dem Preisvorteil beim Einkauf großer Mengen an Waren. Von Anfang an versuchten Händler mit kleinen Läden die Expansion der Waren- und Kaufhäuser auf gesetzlichem Wege zu behindern. Damit jedoch hatten sie keinen Erfolg und mussten letztendlich Umsatzeinbußen hinnehmen.

Kaufmann Erich Todenhagen eröffnete im vorpommerschen Demmin 1919 ein Kurz-, Weiß- und Wollwarengeschäft in der Luisenstraße. Die Umsätze stiegen stetig. Bald reichten die gemieteten Räume nicht mehr aus, so dass 1925/26 ein modernes Geschäftshaus in bester Lage der Stadt errichtet werden musste. Die feierliche Eröffnung fand am 11. Mai 1926 statt. Im neuen großen Kaufhaus in der Anklamer Straße 4a konnte das Angebot beträchtlich erweitert werden. Hinzu kamen Herren- und Damen-Konfektion, Teppiche, Gardinen und Kleiderstoffe.Ein Redakteur vom „Demminer Tageblatt" beschreibt kurz nach der Eröffnung seine Eindrücke: „Betritt man die tageshellen und luftigen Räume, so zieht sich zur Rechten das umfangreiche Stofflager (Baumwollwaren, Kleiderstoffe, Seidenstoffe) hin, während auf der gegenüberliegenden Seite sich die Lager für Kurzwaren, Wäsche, Trikotagen, Strümpfe befinden. In der ersten Etage sind die Abteilungen für Damen- und Kinder-Bekleidung, Damen-Hüte, Herren-Bekleidung, Herren-Hüte und Mützen sowie die Abteilung Strickwaren und Handarbeiten untergebracht. In den Räumen des Souterrains befindet sich eine gepflegte Abteilung für Teppiche, Läuferstoffe, Dekorationsstoffe, Tisch- und Divandecken und Gardinen. Des Weiteren sind hier untergebracht: Personalgarderobe, Kontor und Lagerräume. Ein weiteres Stockwerk enthält umfangreiche Arbeitsräume, in denen die Konfektionswerkstätten sowie die Herren-Maßschneiderei untergebracht sind. Im ausgebauten Dachgeschoss befindet sich das große Bettfedernlager."

Die Umsätze überzeugten. So expandierte man und eröffnete 1928 ein Zweiggeschäft in Treptow a.T., heute Altentreptow, und seit 1931 eines in Grimmen. Über 60 An-

In der Schweiz gedruckt zeigten Modezeitschriften der modebewussten Dame den aktuellen Trend für die kommenden Monate. (Zeitschrift Nr. 155, Dezember 1939)

gestellte waren jetzt für die Firma Erich Todenhagen tätig. Damit war das Unternehmen in einer Stadt von der Größe Demmins sehr bedeutend. Um seine Fachkräfte an die Firma zu binden, ließ der Besitzer in den 1930er Jahren im Norden der Stadt die Todenhagensiedlung bauen – Häuschen aus Backstein, die sich um einen lang gezogenen Anger gruppierten. Besonderen Wert legte Erich Todenhagen auf Werbung. Neben Anzeigen in der örtlichen Presse erschienen unter seinem Label regelmäßig farbige Modezeitschriften. In der Schweiz gedruckt zeigten sie den Damen den Trend fürs kommende Jahr. In einer dieser Zeitschriften bringt es der Firmeninhaber auf den Punkt: „Weit über den Kreis Demmin hinaus genießt die Firma Todenhagen den Ruf als fortschrittliche, moderne Einkaufsstätte, die durch gediegene großzügige Auswahl, durch fachmännische Bedienung und durch anerkannte Preiswürdigkeit sich einen Namen erworben hat."

Nach dem Zweiten Weltkrieg kam das Geschäft zum Erliegen. Erich Todenhagen flüchtete vor dem Russeneinmarsch mit nur einem Koffer und siedelte sich in Marne in Schleswig-Holstein an. Sein Sohn Hans Todenhagen erzählte: „Mein Vater hatte nur einen Koffer und unter der Wäsche auf dem Boden lag eine Modezeitschrift und das Originalbild einer großformatigen Ansicht Demmins." Es handelte sich dabei um das bekannte Bild vom Fotografen Bruno Heiser aus dem Jahr 1936, veröffentlicht anlässlich der 700 Jahrfeier Demmins im „Demminer Tageblatt".
Die Familie Todenhagen zog später nach Eutin und Hans Todenhagen eröffnete dort wieder ein Kaufhaus. Bis weit nach der politischen Wende existierte das Kaufhaus Erich Todenhagen in Eutin. Im Jahr 2007 wurde die Firma dann aus dem Handelsregister gelöscht.

Modenhaus
Bodenhagen

Ganzseitige Anzeige im „Demminer Tageblatt" vom Mai 1926

linke Seite:

Zu einem gemeinsamen Betriebsausflug trafen sich 1937 die Mitarbeiter der Modehäuser aus Altentreptow, Grimmen, Stavenhagen und Demmin. Nach dem Fototermin vor dem Stammhaus ging es nach Salem und anschließend zu einer Dampferfahrt auf dem Kummerower See.

Kombination von Foto und Lithographie auf einer Ansichtskarte von 1902.

EIN WARMES RUSSISCHES BAD...

1712 – Demmin als „russische Residenz“

Den Hintergrund dieser Erzählung bildet der Nordische Krieg (1700 bis 1721). Um das schwedische Übergewicht in Nordeuropa zu brechen, verbündeten sich August der Starke von Sachsen-Polen und der russische Zar Peter der Große (1672-1725) mit Dänemark. Im Laufe des Krieges verlor Schweden eine entscheidende Schlacht in der Ukraine, bei Poltawa, und die Russen drangen nach Westen vor. Sie unterwarfen Livland, Estland und Finnland. Vorpommern wurde ein Spielball ausländischer Mächte. Städte und Festungen hatten nun Einquartierungen von Offizieren und Mannschaften zu erdulden, so auch die Hansestadt Demmin. Die abziehenden Schweden nahmen alles Getreide und Vieh mit, ließen die Kanonen von den Wällen ins Wasser werfen und alle Brücken um die Stadt zerstören.

Bis dahin hatte sich Demmin einigermaßen von den Schrecknissen des Dreißigjährigen Krieges (1618–1648) erholt. Die St. Bartholomaei Kirche war durch Sammlungen in allen nordischen Ländern neu aufgebaut, zahlreiche neue Häuser mit schönen Giebeln waren entstanden.

Da kamen die Russen und schlugen im Winter 1712/13 in Vorpommern ihr Winterquartier auf. Zar Peter der Große war mit dem derzeitigen Kriegsverlauf sehr unzufrieden und wollte sich selber ein Bild der Lage vor Ort machen. Zu jener Zeit war schon der russische Oberst Dennitschow Kommandant in der Hansestadt Demmin. Wenn ihm auch nachgesagt wird, dass er ein „billiger und leutseliger“ Mann gewesen sein soll, hatte er doch seine sehr konkreten Forderungen an Heu, Korn und vor allem, seiner Meinung nach, rückständigen Geldern. Ende Oktober des Jahres 1712 erfuhr die Stadt, wie sich allerdings erst später herausstellte, eine recht zweifelhafte Ehre.

Peter der Große, der als Reformer Russlands galt, kam für einige Wochen auf Stippvisite in die Hansestadt Demmin und quartierte sich in das Rathaus ein. Und er kam nicht allein. Sein Begleiter war der Fürst Menschikow, der Oberkommandierende der russischen Armee. Der Hofstaat wurde beim Brauer Nettelblatt einquartiert. Am 2. September fand sich auch die Zarin Katharina I. (1684-1727) mit dem Kronprinzen und ihrem Beichtvater Thimotheus in der Stadt ein. Es war sicher ein großer Anblick, als all diese Fürstlichkeiten mit ihrem großen Gefolge in Kutschen und einem gewaltigen Tross hier einzogen.

Die Armee lagerte vor den Toren, und wer von den Offizieren nicht kommen konnte oder durfte, der schickte zumindest seine Familie ins warme Winterquartier in die Stadt. So wird berichtet, dass eine russische Majorin mit sechs Knechten, einem Diener und zwei Dirnen beim Pastor Krohn ins Quartier kam, während der Gatte im Lager blieb. Der Chronist Pastor Karl Stolle, der diese Zeit als Kind erlebte, berichtet darüber: „Sie mussten die ganze Nacht brennend Feuer haben und heizten so ein, dass kein anderer Mensch in solcher Hitze dauern könnte. Die Majorin musste alle Abende zwei dicke und zwei etwas kleinere Lichte haben, die dem Quartierwirt große Kosten verursachten.“ Der Stadt war die „hohe Ehre“ zu Teil geworden, einige Wochen lang russische Residenz zu sein.

Die Majestäten richteten sich mit ihrem ganzen Gefolge, so gut es eben ging, häuslich ein. Alle liebten eine warme Stube, ein warmes russisches Bad, warme Pelzkleidung und gute Mahlzeiten. Man kann sich sicher vorstellen, welche Sorgen der damalige Bürgermeister Rumpf mit den Einquartierungen für so viele Menschen gehabt hatte. Der Fürst Menschikow lag beim Bürger Holstein in Quartier. Für die Pferde der Zarin nahm er gleich fünf Fuder Heu weg. Zwei Kommandanten quartierten sich mit Gewalt beim Kaufmann Ludendorf ein. Pastor Michaelis erhält den Beichtvater der Zarin mit sieben Knechten und elf Pferden. Der Küster Heinrich Steffen erhält 24 Mann der Leibwache. Hans Zeppernick, der sich über die Einquartierung beschwerte, bekam dafür 70 Reiter, denen er drei Wochen lang Holz und Licht beschaffen musste. Der Kürschner Martin Alserdt hat dem Zaren einen Rock mit Pelz gefüttert. Der Fürstin Menschikow machte er Handschuhe und für den Affen der Fürstin ein Kleid aus Lammfellen. Stolle schreibt: „Aber sie hat keine Unkosten davon, da sie sich das Bezahlen hier abgewöhnt hat." Dieses konnte man getrost als einen Leitspruch der hohen Herrschaften sehen. Die Einwohner hatten alle Hände voll zu tun, ihre ungebetenen Gäste zufrieden zu stellen und erhielten meistens Schläge als Lohn. Christian Haussen hat der Zarin zwei eiserne Türen, zwei Paar Haspen und ein Schloss zur Badstube gemacht und für sie einen Koffer mit eisernen Bändern beschlagen. Dem Kommandanten musste er 100 Fußangeln liefern. Haussen schreibt darüber an den Rat von Demmin: „Grausame Gewalttätigkeit ist mir widerfahren. Als Strafe haben sie mir 12 Mann ins Haus gelegt, denen ich Fressen und Saufen drei Tage habe geben müssen. Meine Frau nahmen sie drei Tage lang in Arrest. Damit sie freigelassen wurde, musste sie dem Kommandanten fünf Taler Bargeld geben. Auch Degen und Flint nahmen sie mir!" Glänzende Festmahle fanden zu Ehren der hohen und höchsten Herrschaften statt und die Einwohner mussten die Zutaten liefern. Endlich, am 6. Januar 1713 zog der ganze Hofstaat wieder nach Russland und die Einwohner der Stadt konnten ein wenig aufatmen. Die Armee verließ ihr Winterquartier erst im Sommer. Zurückblieben eine Unzahl offener Rechnungen, die nun neu ausgeschrieben dem Rat präsentiert wurden. Wenn der auch die Rechnungen nicht übernehmen konnte, brauchte er sie doch als Beweis für die Zahlungsunfähigkeit der Stadt. Eine dieser Rechnungen schrieb der Apotheker Morgenstern (vom 17. September bis 20. Oktober 1712). Danach lieferte er dem Kommandanten 17 Pott Aquavite (Trinkwasser) und 24 Pott Tannenzapfen-Branntwein; dem Obersten neben vielen Pötten Branntwein, Wasser zum Waschen, Salben für die Haut, Räucherpulver, Abführmittel, windtreibende Pulver, magenstärkendes Elixier, weißen Zucker (zum Süßmachen des Trinkwassers), diverse Puder und Lavendel sowie 14 Pott Rosenwasser (vor die Madame). Insgesamt betrug die Summe 546 Taler und 7 Schilling. Der Schaden aller Bürger bezifferte sich auf 2355 Taler und der Stadt auf 68 907 Taler und 22 Schilling. Viele Taler, die jedoch nie bezahlt wurden.

Karl Stolle, Beschreibung und Geschichte der Hansestadt Demmin, 1772

Zar Peter der Große und Katharina von Russland in Demmin. Zeichnung von Karl Rumpel.

Der Demminer Kunstmaler Karl Rumpel, 1867 in Potsdam geboren, 1939 in Demmin gestorben, widmete sich der künstlerischen Abbildung historischer Ereignisse. Unter anderem illustrierte er 1936 die Demminer Festschrift zum Stadtjubiläum mit fantasievollen Zeichnungen. Ein Jahr später gestaltete der Maler im Auftrag des Demminer Magistrats die Innenwände der Kapelle auf dem Marienhain mit Gemälden zur Stadtgeschichte. Rumpel hielt mit diesen Bildern Ereignisse fest, die das Geschichtsverständnis erleichtern sollten. Der Berliner Künstler Fritz Richter-Elsner fertigte die Büste von Karl Rumpel in den 1930er Jahren.

400 TALER FÜR DIE NEUE MÜHLE AUF DEM BERG

Müller Kniepke und Schwedenkönig Gustav Adolf

Am 17. November 1627 zogen 1,5 Kompanien kaiserlicher Reiter unter der Führung des Herzogs von Savelli in die Stadt Demmin ein. Deren Bürger konnten, selbst wenn sie es gewollt hätten, der Besetzung nichts entgegenstellen. Alle alten Befestigungen wie Mauern, Gräben und Wälle waren so verfallen, dass man nicht einmal eine Verteidigung versuchen konnte. Der Dreißigjährige Krieg (1618–48) hatte die pommersche Hansestadt Demmin erreicht.

Die Stadt war es, die nun für die Verpflegung der Söldner zu sorgen hatte. Savelli übertraf innerhalb der kaiserlichen Obristen alle anderen bei so genannten harten Verfahren und Grausamkeiten. Unter Versicherung der Freundschaft und des Schutzes vor Dänemark und Schweden war er in die Stadt Demmin eingezogen, verfuhr jedoch mit den Einwohnern härter als ein offener Feind.

Im Juni 1630 griff König Gustav II. Adolf von Schweden mit der Landung von 13.000 Mann offen in den Krieg ein. Die Ankunft seiner Truppen bei Peenemünde auf Usedom verbreitete sich wie ein Lauffeuer im gesamten Land. In aller Eile versuchten die Kaiserlichen, ihre Stellungen, besonders die in den Städten instand zu setzen und auszubauen. Am 6. Februar 1631 kam der König von Schweden „höchstselbst" vor die Hansestadt Demmin, um sich ein Bild von der Lage zu machen. Er näherte sich mit seinen Soldaten aus Richtung Osten und lagerte auf dem Nonneberg und dem etwas südöstlich daneben liegenden Galgenberg.

Auf dem Nonneberg stand zu dieser Zeit eine Bockwindmühle, die der Müller Karsten Kniepke von der Stadt gepachtet hatte. Da die Pacht sehr gering war, hatte es der Müller zu einem ansehnlichen Wohlstand gebracht. Auch den Kaiserlichen unter Savelli war diese Mühle wichtig zur Versorgung der Truppen. Mit dem Erscheinen Gustav Adolfs vor Demmin wendete sich jedoch das Bild, und es war vorbei mit dem ruhigen Leben des Karsten Kniepke. Jetzt wurde die Mühle von dem kaiserlichen Kommandanten mit Argwohn als ein lästiger Beobachtungsposten betrachtet. Von ihr aus hatte man tatsächlich einen hervorragenden Einblick in die Bewegung der Truppen und in die Befestigungsarbeiten und Verschanzungen in- und außerhalb der Stadt. Es ist nur zu verständlich, dass Gustav Adolf die Freundschaft des Müllers zu gewinnen suchte. Kniepkes Enkel berichtete später Folgendes darüber: „Wie der hochselige König Gustav Adolf auf den deutschen Boden kommen und Demmin belagert hat, hat er meinen Großvater aus der Mühle zu sich holen lassen und ihn um die Beschaffung der Festung gefragt, welches der kaiserliche Kommandant Duc de Savelli von dem Walle gesehen und, dass er mit ihrer Königlichen Majestät geredet, übel empfunden."

Als der Müller danach zu seiner Mühle gehen wollte, wurde er von 12 kaiserlichen Soldaten unter der Führung eines Unteroffiziers verhaftet und in die Stadt gebracht. Einem Soldaten gelang es dann auch noch, die Mühle in Brand zu stecken. Wütend darüber schickte Gustav Adolf einen Trompeter vor die Stadtmauer und ließ „dem Kommandanten und Rat anbefehlen lassen, sie sollten dem Müller

kein Leid tun. Falls sie ihm ein Leid zufügten, wollte er sie, wenn er die Stadt erobert, selbigermaßen wieder traktieren." Danach zogen sich die Schweden zurück und belagerten erst einmal die Stadt und Festung Loitz. Sicherlich wollten sie vor der Belagerung der Stadt Demmin den Rücken frei haben.
Karsten Kniepke blieb nicht lange ein Gefangener. Am 12. Februar 1631 kam der König von Schweden mit seiner Armee vor die Stadt Demmin und begann mit den Vorbereitungen der Belagerung. Er näherte sich wieder aus Osten und stellte seine Kanonen auf den Galgenberg und auf den seiner Mühle beraubten Nonnenberg. Nach drei Tagen Belagerung gab Savelli die Stadt auf und zog mit seinen Soldaten ab. Natürlich kam nun Karsten Kniepke sofort frei. Der König zeigt sich ihm gegenüber für die geleisteten Dienste sehr erkenntlich. Für eine neue Mühle schenkte er ihm 400 Taler, weil er um seinetwillen Schaden erlitten hatte. Kniepke machte sich auch sofort an die Arbeit, kaufte das nötige Holz und ließ es auf den Nonnenberg fahren. Er starb jedoch bevor der Neubau beginnen konnte. Da seine Kinder noch minderjährig waren, unterblieb der Aufbau ganz. Der schwedische Kommandant in der Stadt brauchte jedoch für die Verpflegung seiner Soldaten eine Mühle. Darum wurde beschlossen, die Windmühle in Gehmkow, einem Dorf nahe der Stadt, abzureißen und sie vor dem Holstentor wieder aufzubauen. Dem neuen Kommandanten war der Standort hier weit weniger gefährlich als auf dem Nonnenberg. Nur für den neuen Müller Klaus Hacker war dieser

So hat sie sicher einmal ausgesehen – die Bockwindmühle von Karsten Kniepke.

Standort gar nicht gut, denn sehr selten wehte hier ein Wind. Auf dem abgebildeten Kupferstich des Matthäus Merian von 1650 ist diese Mühle vor dem Holstentor noch dargestellt. Kurze Zeit später ließ Hacker die Mühle abbauen und errichtete sie neu auf dem Nonnenberg, der von da an auch Mühlenberg genannt wurde. Noch im 18. Jahrhundert war diese Anhöhe ein strategisch bedeutsamer Platz zur Belagerung und zum Beschuss der Stadt.

Karl Goetze, Geschichte der Stadt Demmin, 1903.

1. Beiblatt des „Demminer Tageblattes", 26. Februar 1938

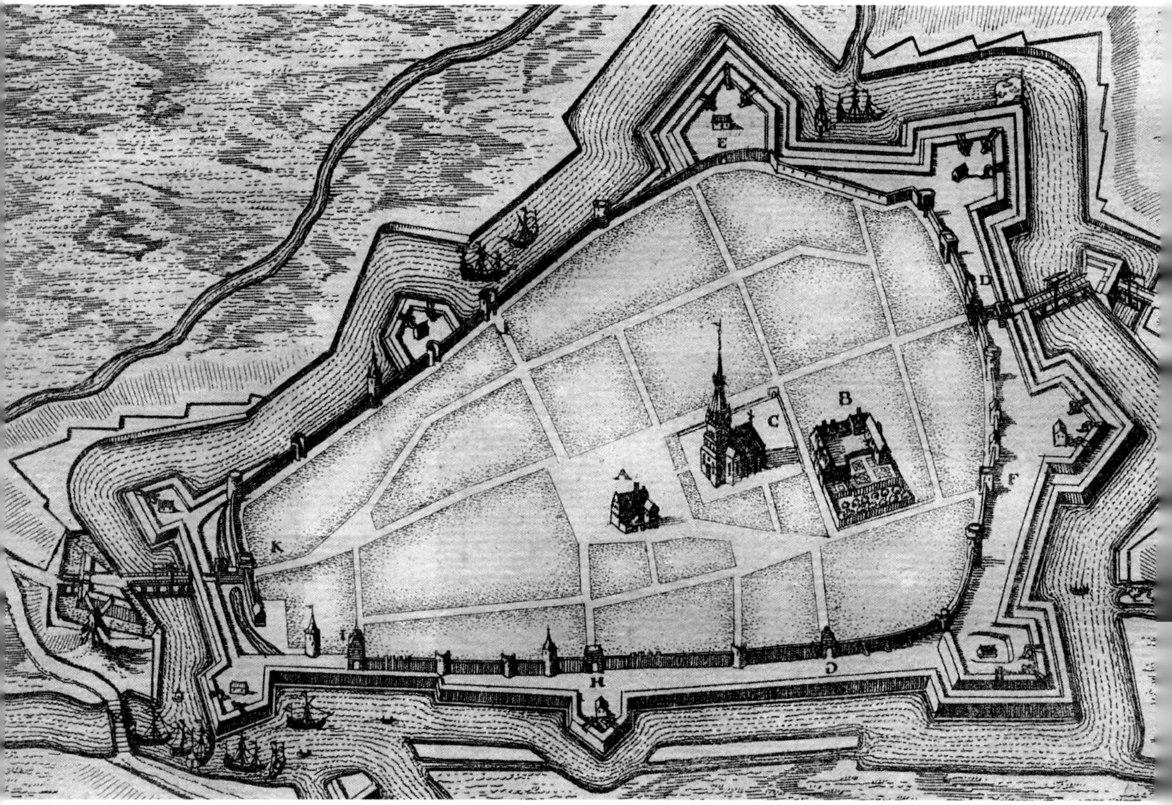

Merians Kupferstich aus dem Jahre 1650 zeigt unten links die Mühle von Klaus Hacker.

Der Kupferstich entstand bereits einige Jahrzehnte nach der Erfindung des Holzschnittes um 1420. Für den Kupferstich wurde eine nicht zu starke Kupferplatte verwendet, die völlig eben und gleichmäßig strukturiert sein musste. Der Künstler übertrug die Zeichnung auf die Platte, wobei berücksichtigt werden musste, dass der fertige Druck seitenverkehrt ausfiel. Beim Kupferstich sprach man beim übertragen der Zeichnung nicht von Ritzen sondern vom Stechen. Damit der Verlauf der Linien bis ins Feinste nuanciert werden konnte, wurde die Kupferplatte beim Stechen auf ein prall mit Sand gefülltes Ledersäckchen gelegt, was eine noch genauere Linienführung durch den Künstler ermöglichte.

VON „KUH-TOR“ UND „TÜCKMANTEL“

Demmins Straßen und ihre Namen

Als Pastor Carl Stolle im Jahr 1772 seine „Geschichte der Hansestadt Demmin“ in Greifswald bei Anton Ferdinand Röse drucken ließ, fand sich auf der letzten Seite seiner Manuskripte, direkt unter dem Register eine Mitteilung Stolles: „Die Herren Buchbinder werden ersucht, bei dem Beschneiden so vielen Raum, als möglich, zu lassen, die beiden Kupfer hinten zu bringen, und soviel Papier daran zu kleben, dass man sie bei Lesung des Textes herausschlagen und vor Augen haben könne“. Eigentlich war dies nur als ein Hinweis gedacht und sollte sicherlich nicht abgedruckt werden. Jedenfalls hielten sich die Buchbinder an diese „gedruckte Mitteilung“ und brachten die beiden „Kupfer“ am Schluss des Buches und zum Herausschlagen, so wie Stolle es wollte. Dabei handelte es sich um zwei in Kupfer gestochene Zeichnungen, die Stolle gesondert anfertigen ließ. Ein Kupferstich zeigt den Plan der Stadt Demmin mit den zu jener Zeit vorhandenen Toren, der Stadtmauer, den sechs Bastionen, der wichtigsten Gebäude und vor allem der Straßen mit ihren Namen. Diese Namen stammen teilweise aus dem Mittelalter und haben die Jahrhunderte bis in die heutige Zeit überdauert. Stolle beschreibt nicht nur die Lage der Straßen, sondern versucht auch deren Namen zu erklären. Eine große Hilfe war ihm dabei das 1519 angelegte Pfandbuch der Stadt mit Angabe der Straßen und deren Bewohner.

Also schlagen wir den Plan auf und lesen, wie Pastor Karl Stolle die Namen seiner Heimatstadt Demmin beschreibt: „Kommt man von Osten durch das Kuh-Tor (A) herein, so gehen zur rechten und linken 2 Straßen an der Mauer herum, die aber keine besonderen Namen tragen, sondern nur „An der Mauer“ benennet worden. Es stehen in selbigen einige, obwohl wenige kleine Häuser. Von dem Kuh-Tor an bis fast an den Markt gehet die Kuh-Straße. Gehe ich von dem Kuh-Tor, nach Westen, kommt zur Rechten die Christinen Straße. Diese hat nach alten Urkunden noch mehrere Namen, wie Ower Strate oder Vos Winkel. Zur Linken ist die Reuter-Straße oder ehemals Rüter-Straße. Kommt man weiter in der Kuh-Straße bis an den St. Bartholomaei Kirchhof, so gehet zur Rechten die Wiedemen-Straße, weil die Wiedemen oder der Pfarr-Hoff, nebst anderen dergleichen geistlichen Häuser darin gestanden. Von linker Hand kommt die Schul-Straße. Sie ist an der Ostseite mit Häusern doch etwas in einer Krümmung besetzet. An der Westseite gehet die Mauer des St. Bartholomaei Kirchhofes, in der Ecke die jetzige Präpositur (R). Weil nun bis auf dieses Jahrhundert die alte Schule, wo jetzt die Präpositur ist, gestanden hat, so hat daher diese Straße ihren Namen. Zu Ende der Kuh-Straße, kurz vorher ehe man auf den Markt gelanget, gehet zur Rechten die Pferde-Straße ab, und ist ziemlich breit. Kommt man auf dem Markte und lencket sich zur linken, so gehet ein ganz kleines enges Gäsgen von dem Markt bis nach dem Kirchhofe, welches der Tück-Mantel heist.“

Durch diese kleine Gasse gingen jeden Sonntag die Kirchgänger zum Gottesdienst. Deshalb stellten sich die Bettler in diese Gasse und zupften die Bürger an ihren Mänteln um ein Almosen – so lautet eine der Geschichten. „Gehe ich in dieser Linie weiter bis an die Ecke des Marktes nach dem Klinkenberg (K), so heist die Straße Schuhagen oder Schuster-Straße, weil ehemals wohl viele Schuster darin gewohnet. Nehme ich die Südseite des Marktes so kommt fast in der Mitte derselben der Keller-Weg, welche Gasse mutmaßlich den Namen daher erlanget, weil sie nach dem Ratskeller, oder dem Weinschank im Rathause (Q) führet. Am Ende dieser Seite des Marktes gehet eine Gasse nach der Kahldischen Straße durch, welche darum wohl der Schnelle Lauf benennet ist, weil man ihrer Enge wegen schnell durchlaufen soll, damit man darin nicht gedränget möge." Durch den Schnellen Lauf war der kürzeste Weg vom Zentrum der Stadt zum Peenehafen. Goetze schreibt 1903 in seiner Chronik auch vom „schnellen Ort", weil dort die Missetäter peinlich verhört wurden. „Zu Ende des Marktes an der Nordseite gehet die Menzer-Straße zur rechten Hand ab, welche vielleicht ihre Benennung von einem vornehmen bemittelten Mann des Namens der darin gewohnet, und sie mit Häusern versehen, erlanget."

Nachweislich hat in dieser Straße das alte Münzhaus gestanden. Demmin hatte seit 1338 eine eigene Münzstätte, in der Brakteaten, Denare und Sechslinge geprägt wurden. Die Straße wurde daher Münz- oder Menzerstraße genannt.

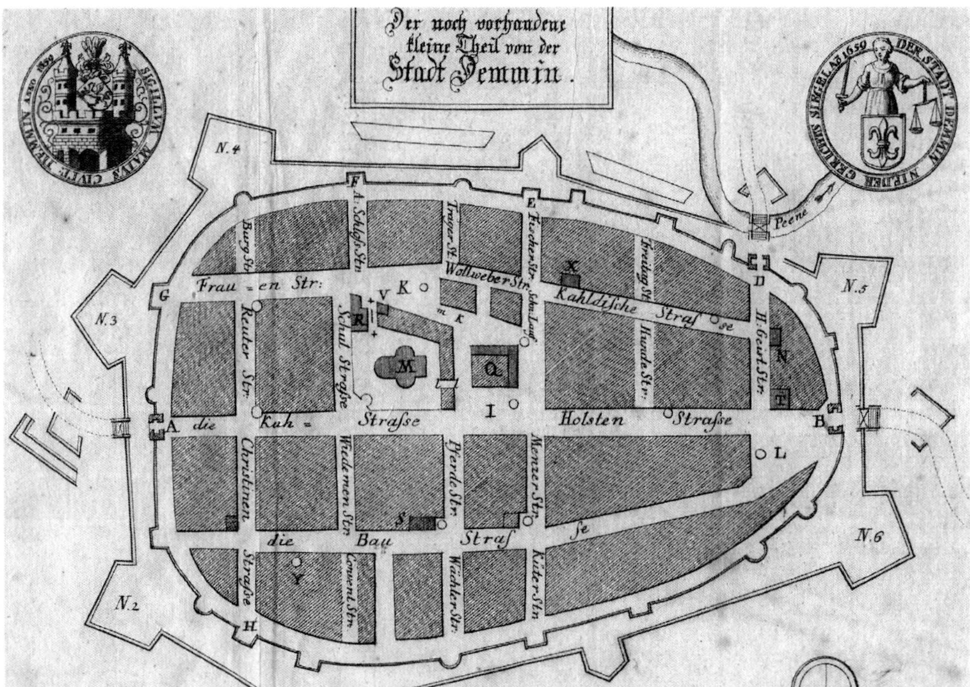

Ein Kupferstich von 1772 zeigt den Plan der Stadt Demmin mit den zu jener Zeit vorhandenen Toren, der Stadtmauer, den sechs Bastionen, der wichtigsten Gebäude und vor allem der Straßen mit ihren Namen.

„Von dem Ende des Marktes gehet fast in gerader Linie mit der Kuh-Straße, die Holsten-Straße bis zum Holsten-Tor (B). Endlich gehen bei dem Holsten-Tor an den Mauern zur rechten und zur linken Hand auch Gassen herum, worinnen schon ein par Buden erbauet worden. Die andere Haupt-Straße der Stadt fänget ebenfalls von Osten bei dem Frauen-Tor (G) an. Die Frauen-Straße, welche daher eben wie das Tor den Namen hat, weil sie nach der Marien-Kirche, nemlich der Kirche zu Unserer lieben Frauen, wie die Päpste solche nenneten.
Die Frauen-Straße gehet nach Westen zu, und zur linken Hand die ehemalige Burgstraße..." Stolle erklärt an dieser Stelle den Zusammenhang der Burgstraße mit der Burg der ehemaligen Pommernherzöge, die sehr wahrscheinlich in diesem Teil der Stadt gelegen hat. „Und endet sich beim Anfange des Klinkenberges, wo zur Linken die alte Schloss Straße nach der Mauer und dem Schloss-Tor (F) abgehet. Diese Straße hat den Namen daher, weil der Herzog Wratislaus (Wartislaw) der III. der auf dem Hause Demmin residieret durch diese Gasse und durch das Tor auf einem Damm zur Stadt und wieder hinaus gefahren ist."
Stolle beschreibt an anderer Stelle diesen Damm, von dem er noch selbst Teile der Pflasterung gesehen hat. „Linker Hand des Klinkenberges nach Endigung desselben gehet eine Gasse nach der Mauer zu, die Träger-Straße genannt. Es ist in alten Zeiten hier eine Träger-Zunft gewesen, welche das Bier aus denen Brauhäusern weggetragen haben. Von dieser Träger-Straße an bis nach der Kahldischen Straße gehet die Woll-Weber-Straße, weil in selbiger ehemals viel Woll-Weber gewohnet. Vom Markte her kommt die Fischer-Straße nach der Mauer und der Fischer-Pforte, die Fischer-Straße, weil ohnstreitig viele Fischer auch hierin gewohnet und durch diese Pforte am Wallgraben Fische verkauft haben. Die Kahldische Straße ist lang, und gehet gerade auf die heilige Geist Kirche (N) zu." Den Namen bekam diese Straße genau wie das Tor (D) von einem des adligen Geschlechts derer von Kaland oder Kahlden, die hier in der Stadt von alters her wohnten. Stolle schreibt weiter: „Es bedarf keines Rätsels, woher die heilige Geist Straße den Namen trage. Nun ist noch die dritte Haupt-Straße, welche unstreitig die allerlängste ist, nemlich die Bau-Straße, nebst ihren zur linken nach Norden abgehenden Gassen übrig. Wir wollen selbige so wie die anderen beiden Haupt-Straßen von Osten bis Westen durchgehen. Diese fänget am Commandanten-Hause an. Wo die Christinen-Straße von der Kuh-Straße zur linken herkommt, ist sie ehemals zur Rechten bis an die Mauer fortgegangen, wo auch noch eine zugemauerte Pforte (H) nach der nahe liegenden Christinen Bastion geführet."
In dieser Gegend befand sich zu Stolles Zeit der Parade- und Exerzierplatz. Früher hieß der Platz Vosswinkel, das war die nördliche Seite der Baustraße bis zum Convent. „Wo die Wiedemen-Straße zur Linken herkommt ist zur Rechten in gerader Linie eine Gasse bis zur Mauer gegangen, welche die Convent-Straße benennet ist (nach Merian 1650). Diese Straße ist nun ganz zugebauet, und statt deren eine neue etwas weiter nach Westen erbauet, aber noch keinen besonderen Namen hat. Die Gasse aber, wo die Pferde-Straße zur Linken herkommt, und sodann zur Rechten bis zur Mauer gehet, hat den Namen Wächter-Straße." Stolle ist der Meinung, dass der Name der Straße eventuell aus der „päpstlichen Zeit" (der Zeit vor der Reformation) stammen

könnte, da damals in dieser Gegend einige Geistliche wohnten (geistliche Wächter). „Wenn man in der Bau-Straße weiter nach Westen gehet, wo die Menzer-Straße zur linken herkommt, zur Mauer hin, die Küter-Straße. Wo viele Fischer zusammen wohnen, nennet man solchen Ort die Küter oder Kützer Gegend. Vielleicht haben viele Fischer auch daselbst gewohnet, die durch das Menzer-Tor gegangen, und auch wohl daselbst auf den Stadt oder den andern Graben auf der großen Bürger-Wiese ihre Fische verkauft haben." Stolle ließ in seinen Lageplan auch noch die Freitag-Straße sowie die Hunde-Straße einzeichnen, erwähnt sie jedoch in der Beschreibung nur soweit, dass „die Kahldische Straße in alten Zeiten in der Mitte 2 Querstraßen gehabt". Goetze korrigiert ihn soweit, dass er die Hunde-Straße als eine Vorgängerstraße des Schnellen Laufes annimmt. Mag sein, denn es wird berichtet, dass hier einst der Scharfrichter wohnte, der die herzoglichen Hunde unterhalten musste.
Den Kupferstich schmücken links das Stadtsiegel aus dem Jahre 1659 und rechts das Siegel des niederen Gerichts aus demselben Jahr. Als Kreis eingezeichnet in den Plan sind die damals existierenden öffentlichen Brunnen.

Karl Stolle, Beschreibung und Geschichte der Hansestadt Demmin, 1772
Karl Goetze, Geschichte der Stadt Demmin, 1903

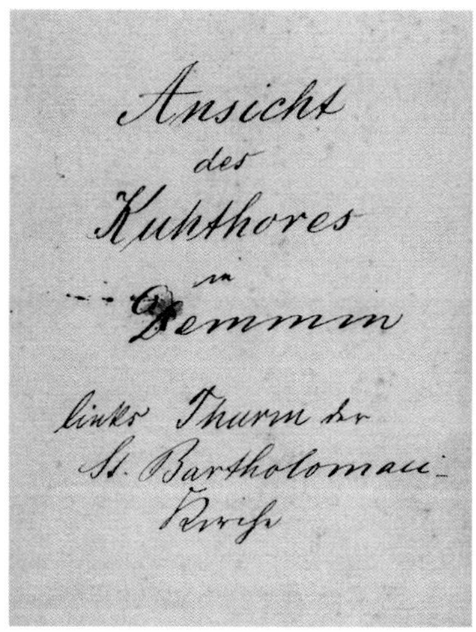

Um 1890 erschien diese Ansicht des „Kuhthores", aufgenommen von einem Demminer Fotografen. Auf der Rückseite wurden die wichtigsten Daten vermerkt.

HISTORISCHE ANSICHTEN

Über sieben Jahrhunderte trotzte die Heilgeistkirche allen Angriffen der zerstörenden Zeit – das vorige Jahrhundert brauchte nur eine Nacht. Aufnahme um 1940.

Um 1910 entstand in Stuterhof die Aufnahme des Wohnhauses in der Rosestraße 33a und 33b.

Gasthaus

Schiffsproviant
Kolonial- u. Materialwaren

links oben:
Das Wohnhaus in der Treptower Straße 15 beeindruckt durch seine reiche Putzverzierung auf der Straßenseite. In den unteren Räumen betrieb der Schankwirt Friedrich-Wilhelm Dall sein Gasthaus „Zum stillen Frieden". Aus den Fenstern der oberen Etage schauen der Gendarmeriewachtmeister Hermann Behm und die Frau und Tochter des Malermeisters Erich Menk.

links unten:
In diesem Fachwerkhaus lagerte Paul Zirzow nicht nur seine Kolonial- und Materialwaren sondern bot auch Schiffsproviant an. Um 1970 wurde der Speicher an der Südmauer abgerissen.

rechts oben:
Der Gutsbesitzer Ferdinand Wulff aus Pensin war Mitbegründer und später auch Vorsitzender der Molkerei-Genossenschaft Demmin. Unter seiner Führung wurde 1890 die Molkerei in der Reiferstraße errichtet. In den Jahren 1926-1929 wurde diese beträchtlich erweitert, sodass in den 1930er Jahren täglich 35 000 Liter Milch verarbeitet werden konnten. Foto: G. Köppen

Entwässerungsarbeiten fanden hier im Februar 1930 vor Willerts Kohlenhandel in der Lindenstraße 13 statt.

Am 5. Mai 1929 ließen sich die Mitarbeiter der Stadtwirtschaft mit ihrem Gefährt ablichten.

Von 1892-1894 wurde das neue Postgebäude in der Anklamer Straße errichtet. Das alte Postamt befand sich vorher in der Baustraße 33. Foto G. Köppen

Von 1926 bis zum Ende des Zweiten Weltkriegs sorgte in Demmin-Meyenkrebs eine Stahlklappbrücke für den Verkehrsfluss über die Peene. Den Auftrag für den Bau des Lehrgerüstes, auf dem die Brücke errichtet werden sollte, und die dafür notwendigen statischen Berechnungen erhielt die Demminer Firma Bauckmeier.

DOPPELMORD IM „HOLZE BEI WOLKEN“

Der Denkstein des Demminer Bürgermeisters Alexander von Hartz

Man schreibt das Jahr 1623 – noch hatte der verheerende Dreißigjährige Krieg (1618-1648) Mecklenburg und Pommern nicht erreicht. Der Kaiser berief in diesem Jahr einen Reichstag zu Regensburg ein, auf welchem er dem Kurfürsten Friedrich, dem erwählten König von Böhmen, die Kur-Würde nahm und sie dem Herzog von Bayern gab. Dieses empörte die Protestanten auf das heftigste und sie begannen, eine Armee im Niedersächsischen aufzustellen.

Natürlich waren die politischen Vorgänge im Kaiserreich auch in der vorpommerschen Hansestadt Demmin bekannt, doch maß man ihnen hierzulande nicht so sehr viel Bedeutung bei. In Demmin hatte man ganz andere Sorgen. In jenem Jahr galt es einen Mord aufzuklären, der die Bürger der Stadt sehr entsetzte.

Seit 1601 war Alexander von Hartz Bürgermeister der damals noch herzoglich pommerschen Stadt Demmin. Pastor Carl Stolle, der im Jahre 1772 die Geschichte der Stadt veröffentlichte, beschrieb den Bürgermeister als einen zwar strengen, aber doch rechtlichen und redlichen Mann. Er förderte das Gute, hielt streng auf Recht und Gesetz und war so beim Herzog sowie den Bürgern der Stadt gleich gut angesehen. Unter seiner Leitung wurde zum Beispiel auch die alte Wasserleitung (Waterkunst) in Demmin vollendet. Deren Bau begann man schon im Jahre 1568 und beendete ihn fünf Jahre später mit dem Resultat, dass sie nicht funktionierte. 1619 hatte dann die Bürgerschaft ihre erste Wasserleitung. Alexander von Hartz war aber auch ein „echter Demminer“, der einer angesehenen, alten Familie angehörte. Sie war sehr begütert und wohnte in einem stattlichen Haus am Markt. Als junger Mann sammelte er Erfahrungen als Hofjunker am badischen und auch am schwedischen Hofe. Alexander von Hartz kam als Ratmann in die Demminer Stadtverwaltung und wurde dann Bürgermeister der Stadt.

Im Sommer des Jahres 1623 führten Geschäfte Alexander von Hartz im Auftrage der Stadt nach Mecklenburg und befand sich nun auf der Rückreise in seine Heimatstadt. Außer etlichen wichtigen Papieren, die er bei sich führte, enthielt sein Reisegepäck noch eine bedeutende Geldsumme. Es handelte sich dabei um den Erbteil eines Demminer Einwohners, dessen mecklenburgischer Verwandter plötzlich verstorben war. Um nicht lange von Demmin abwesend zu sein (sicher auch aufgrund der Verantwortung für das Geld), ließ er nur wenig unterwegs anhalten. Nur einen Teil der Nacht und am Mittag, während der stärksten Sonnenhitze, rastete er, um seinen Pferden die nötige Erholung zu gönnen. Sein Kutscher Peter Vierow versorgte dann die Tiere mit einer doppelten Ration Hafer.

Hartz zweiter Begleiter auf dieser Reise war sein Diener Hans Andreas von Driesen. Ihn verband eine ganz eigene Geschichte mit Alexander von Hartz. Driesen war schon von Kindesbeinen an immer ein böser Bube gewesen. Schon in frühester Jugend hatte er gelogen und betrogen und seine Hände nach fremdem Hab und Gut ausgestreckt. Stets suchte er Händel und Streit. So verwundert es auch nicht, dass ihn kein Mensch leiden konnte und keiner seiner Altersgenossen etwas mit ihm zu tun haben wollte. Mit 14 Jahren verlor er auf tragische Weise seine Eltern und stand nun ganz allein da. Da sich keiner seiner annehmen wollte, nahm Alexander von Hartz den Waisenknaben in sein Haus. Hier versuchte er mit Liebe aber auch mit Strenge Driesen zu einem besseren Menschen zu erziehen. Scheinbar gelang ihm das auch nach und nach. Driesen zeigte sich einsichtig, sah seine Fehler ein und gelobte reumütig Besserung. Das aber war nur Schein und Täuschung. Driesen verstand es sehr gut sich zu verstellen und alle hinters Licht zu führen. Nach nur fünf Jahren im Hause des Bürgermeisters schenkte dieser ihm immer mehr Vertrauen und machte ihn zu seinem Sekretär, dem er damit seine wichtigsten Angelegenheiten in die Hände gab.

Am 27. Juni verließen sie am frühen Morgen gegen 5 Uhr die Stadt Bützow. Durch das „Wolker Tor" gelangte die Kutsche aus der Stadt, überquerte den Warnow-Fluss und rollte auf der alten Landstraße in Richtung Schwaan dahin. Alexander von Hartz war eingenickt und auch Peter Vierow saß schläfrig nickend auf dem Bock, die Zügel locker in der Hand. Im Waldgebiet „Die Darnow" geschah dann das Unglaubliche.

Driesen stürzte sich plötzlich auf den sorglos Schlafenden, umfasste das lose umgelegte Halstuch und zog dieses an beiden Enden fest zusammen. Alexander von Hartz verlor die Besinnung. Jetzt schwang sich Driesen leise aus dem Wagen, kletterte auf den Bock und stieß dem arglosen Kutscher ein scharfes Messer solange in die Kehle bis Peter Vierows Leben nach kurzem Todeskampf ein Ende fand. Anschließend brach der Mörder den Wagenkasten auf, nahm sich was er an Geld fand und flüchtete mit zwei Pferden der Bespannung.

Vorbeikommende Landarbeiter entdeckten eine Stunde später den Tatort und machten dementsprechend eine Anzeige. Durch Vermittlung des Magistrats zu Bützow gelangte die schreckliche Nachricht an den Rat zu Demmin. In einem Protokoll wird später auch zu lesen sein, dass Alexander von Hartz noch drei

Die Abbildung des Denksteines von 1901 zeigt noch deutlich die Inschrift.

Tage lebte und bezeugte, dass Driesen das Geld aus dem Wagenkasten genommen hatte und davon geritten war. Alle Fahndungen nach dem Mörder verliefen zunächst erfolglos.

Nach einigen Tagen überführte man die Leichen in einer feierlichen Prozession in ihre Heimatstadt Demmin. Alexander von Hartz fand seine letzte Ruhestätte am 6. Juli in seinem Erbbegräbnis auf dem alten Kirchhof der St. Bartholomaei-Kirche. Auch die Beisetzung von Peter Vierow fand am selben Tag in unmittelbarer Nähe des Bürgermeisters statt.

Zur Erinnerung an diesen Doppelmord ließ der Rat der Stadt an der Mordstelle, im „Holze bei Wolken" auf dem Büchenberge, ein Gedenkstein aufstellen und mit einer entsprechenden Inschrift versehen:

„Anno 1623 den 27. Juni, Morgens zwischen 5 und 6 Uhr ist der wohledle gestrenge und veste Alexander von Harten seliger wohlverdienter Bürgermeister der Stadt Demmin, neben seinem Gutscher Peter Wirowen, von seinem treulosen Diener Henrich Hans Andres von Driesen genannt, meuchelmörderisch und schelmischer Weise niedergemordet worden. Dessen hinterbliebener Körper von hinnen begraben, und den 6. Juli zu Demmin in seinem Erbbegräbnis beigesetzet. Gott gnad der lieben Seelen und verleihe gnädiglich, dass der schelmische Thäter zur gebührenden Strafe möge gezogen werden."

Der auf dem Stein ausgesprochene Wunsch sollte nicht unerfüllt bleiben. Nach langen Nachforschungen, sowohl von herzoglich mecklenburgischer, als auch herzoglich pommerscher Seite, konnte der Mörder ausfindig gemacht werden. Bald nach seinem Ergreifen wurde Heinrich Driesen lebendig gevierteilt und seine Überreste auf dem Schindacker verscharrt. Die dunklen Wolken des Dreißigjährigen Krieges ließen diese Tat schnell in Vergessenheit geraten und die Akten im Rathausarchiv verstauben. Das änderte sich jedoch am 10. Juli des Jahres 1891. An diesem Tag bekam der Magistrat von Demmin ein höchst offizielles Schreiben aus Schwerin. Absender war die „Großherzogliche Mecklenburgische Kommission zur Erhaltung der Denkmäler". Diese Kommission arbeitete unter der Leitung des Geheimen Hofrats Prof. Dr. Friedrich Schlie an mehreren Bänden der „Kunst- und Geschichtsdenkmäler des Herzogtums Mecklenburg-Schwerin". Der Vorsitzende dieses Vereins unterrichtete den Magistrat über einen Gedenkstein Demmins, den ein Mitglied der Kommission als Türschwelle vor dem Herrenhaus des Gutes Wolken entdeckte. Weiterhin wurde in diesem Schreiben mitgeteilt, dass in Gegenwart der Beamten des Amtes Bützow und eines Kommissionsmitgliedes dieser Stein wieder aufgestellt wurde. Man vergaß nicht zu erwähnen, dass die ursprüngliche, zum Teil abgetretene Inschrift von einem Steinmetz erneuert wurde. Das Schreiben endete mit den Worten: „Indem die unterzeichnete Kommission annimmt, dass es für den verehrlichen Magistrat von Interesse sein wird, von der Wiederaufrichtung des Denksteins Kenntnis zu haben, gestattet sie sich die vorstehende ergebenste Mitteilung zu machen."

Noch heute findet man den Denkstein des Bürgermeisters im Wald des Wolkener Büchenberges. Da die Inschrift sehr stark verwittert ist, befindet sich neben dem Stein eine Tafel, die kurz die Geschichte des Bürgermeisters Alexander von Hartz erzählt und damit dieses Denkmal verständlich macht.

Karl Stolle, Beschreibung und Geschichte der Hansestadt Demmin, 1772

Hier im Wald bei Wolken (in der Nähe von Bützow) kündet ein Denkstein von dem grausamen Mord am Demminer Bürgermeister Alexander von Hartz. Aufnahme: 2008

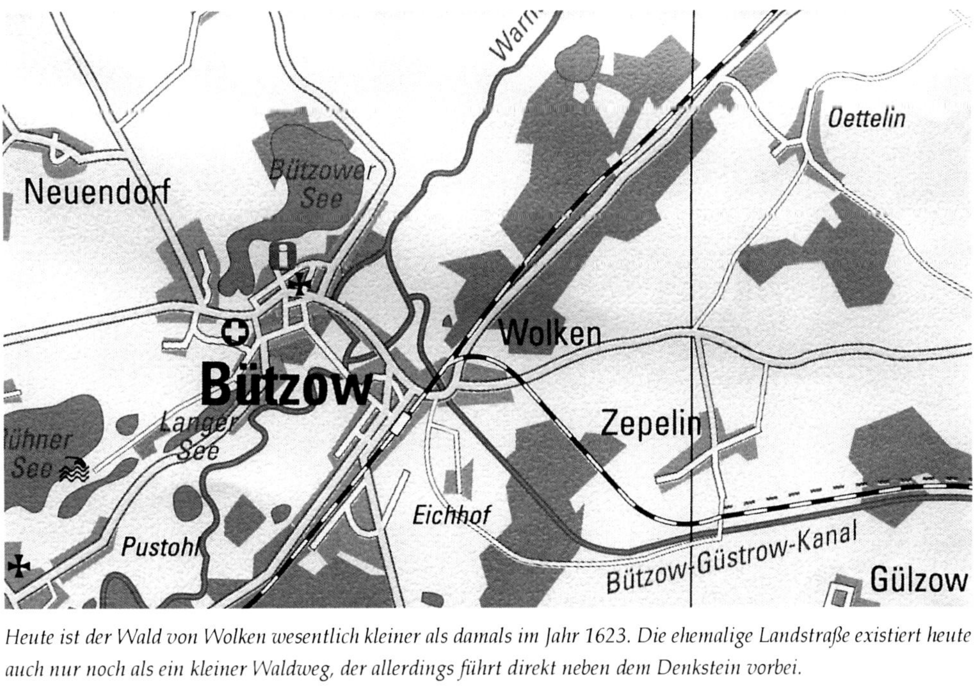

Heute ist der Wald von Wolken wesentlich kleiner als damals im Jahr 1623. Die ehemalige Landstraße existiert heute auch nur noch als ein kleiner Waldweg, der allerdings führt direkt neben dem Denkstein vorbei.

DIE „HÖKERER“ UND DIE JAHRMÄRKTE

Ein altes Privileg von 1547

Die Marktgerechtigkeit ist in den Städten von jeher ein wichtiges Privileg gewesen. Um dieses zu erringen oder zu verteidigen, ließ auch die Stadt Demmin nicht nur Geld und diplomatische Mittel spielen, sondern auch schon mal die Waffen. Gab es bei den Herzögen des Landes einen Machtwechsel ließ man sich unter anderem auch immer wieder die Marktprivilegien neu bestätigen. Der Markt brachte Handel und Wandel, verband nicht nur die unmittelbare Umgebung mit der Marktstadt, sondern schuf neue Verbindungen mit anderen Landesteilen. Besonders die auswärtigen Marktbesucher hatten großes Interesse an den Märkten. Dort konnten sie ihre Produkte und Erzeugnisse absetzen, um aus dem Erlös ihre eigenen Bedürfnisse aus Stadt und Markt zu befriedigen. Die Lage der Markttage gab dem „Wirtschaftsjahr“ sogar eine gewisse Teilung. Dabei kam die Hauptbedeutung den in den Herbst fallenden Märkten zu. Da konnte der Bauer, dessen großer Umschlag ja nur einmal im Jahr ist, seine Ernte umsetzen und dann kaufkräftig auftreten. Jedenfalls ging es am Markttage hoch her, nicht nur beim Handel, Kauf und Verkauf, sondern ebenso danach bei einem guten Essen und einem guten Wein. In der damaligen Zeit verband man wichtige Ereignisse mit Kalendernamen, wie Johannis oder Michaelis. So auch bei den Jahrmärkten.

Die Stadt Demmin hatte das Privileg, vier freie und öffentliche Jahrmärkte abzuhalten. Über einen berichtete Pastor Karl Stolle 1772 in seiner Demminer Chronik: „Der erste Krammarkt ist in der Woche nach Invokavit (Mitte Februar) angeordnet, von uralten Zeiten gehalten, von Herzog Philippo aber zuerst mit einem besonderen Privilegio versehen im Jahre 1547.“ Dabei handelte es sich um einen Pferde- und Viehmarkt, der erst an einem Montag, später dann immer am Dienstag stattfand. Am Mittwoch darauf war Krammarkt. In der entsprechenden, von Herzog Philipp I. unterzeichneten Urkunde heißt es unter anderem: „Demnach so begnaden, befreyen und bewidmen Wir hiemit Unsere Stadt Demmin mit einem solchen Privilegio, dass sie den Market, welchen sie bisher auf Montag gehalten alle Jahre von nun fortan als einen offenen, freyen feilen Jahrmarkt ausrichten, halten, darauf handeln und wandeln, und bei denen Kramern verfügen, dass sie das Städte Geld, wie in unseren umliegenden Städten gebräuchlich, fordern, auch sonst zu dem gemeinen Stadt-Nutz und Beste betrachten und fortsetzen mögen.“

Der zweite Krammarkt des Jahres fiel auf den 1. Juli, tags zuvor war Pferde- und Viehmarkt. Am Dienstag vor Mariä Geburt (Anfang Dezember) fand der Pferde- und Viehmarkt statt, am Mittwoch der Krammarkt. Dieser Markt fand früher in Kartlow statt und wurde erst in preußischer Zeit in die Stadt gelegt. Der letzte Markt des Jahres war am Montag vor dem 10. November (Gallen Markt) und der Krammarkt dann am Dienstag. Diese Markttage wurden genau eingehalten, es sei denn, sie fielen mit Sonn- oder Bußtagen zusammen. Dafür gab es gesonderte Regelungen.

Während des Dreißigjährigen Krieges (1618–1648) fanden die Markttage zuerst sehr unregelmäßig und später dann gar

nicht mehr statt. Die Stadtbevölkerung wie auch die Landbevölkerung war ausgeplündert und die Felder wurden nicht bestellt. Es gab einfach nichts zum Handeln.
Erst im Jahre 1697 fand die Erneuerung der Schützengilde und des Amtes der Haken statt. Der Name Haken stand in diesem Falle für Hökerer, die damals gängige Bezeichnung für Händler. Auf Grund des Privilegs von 1541 beantragte das Hakenamt im Februar 1697 seine Erneuerung und erhielt diese auch. Das in plattdeutscher Sprache geschriebene Privileg wirft einen interessanten Blick auf die Lebensbedürfnisse und Handelsartikel jener Zeit. Erst einmal wurde darin festgelegt, dass auch fremde Haken hier in Demmin ihre Waren feilbieten durften. Sie durften „gebührlicher und gelegener Weise" anbieten: Heringe, Dorßke (Dorsche), Sollten-Aal (gesalzenen Aal), Flankfische sowie alle anderen gesalzenen Waren; außerdem Steinboten (Steinbutten), Tallig (Talg), Talliglichte und andere fette Waren; ferner Steenteer (Steinteer), Reve (Reifen) sowie gesalzenen und trockenen Lachs. Jeder Hake musste dem Rat zu Demmin 4 Schilling Städtegeld, jährlich zur Steuerzeit (Schottidt), 4 Schillinge in die Kämmerei und alle Jahre dem regierenden Bürgermeister 4 Schilling Salzgeld geben. Überhaupt unterlag der Salzhandel besonderen Bestimmungen. Von Weihnachten bis zum Kopfschlag-Montag dürfen nur die einheimischen Haker Salz verkaufen. Niemand soll außerhalb

Jahrmarkt in Demmin, abgebildet auf einer Ansichtskarte von 1902.

der Stadt oder auf den Straßen den Salzfuhren Salz abkaufen, sondern nur auf dem Markte. Gehandelt werden durfte an den Markttagen übrigens nur „bet it tein schlägt". Geschäfte danach waren nicht gültig, ja wurden sogar bestraft. Zum Abschluss des Privilegs war dann noch zu lesen: „Die Alterleute sollen auch fleißig Aufsicht bei den Gildebrüdern und den Fremden üben, dass sie rechte Maße, Gewichte und Strikhölter (zum Abstreichen) haben und dass die Waren in ausreichender Menge vorhanden sind.

So wie hier im „Volks-Kalender" wurden jedes Jahr die Jahrmarktstage der einzelnen Länder veröffentlicht.

Gegeben am Sonntage nach dem Neujahrstage durch die Bürgermeister und Rademannen zu Demmin."
Die „Gildebrüder" achteten sehr auf die Umsetzung dieses Privilegs und hielten in ihrem Amt sehr auf Ehre und Ansehen. Gerade deshalb rief ein Fall im Jahre 1666 bei den Amtsgenossen des Hakenamtes große Empörung aus. Der Bürgermeister Samuel Lütkemann trug dem Amt vor, dass Gottfried Stahl „als ein gewesener Schulmeister und Zöllner" die Absicht hatte sich in die Gilde der Hake zu begeben. Die Mitglieder des Hakenamtes waren außer sich und protestierten auf das heftigste: „So klein auch unsere Zahl nun in dem ruinierten Demmin ist, so arm und wirtschaftlich heruntergekommen wir auch dastehen, so wollen wir uns nicht durch Aufnahme eines „Zöllners" in unserer Bruderschaft ehrlos machen lassen! Es ist ein unerhörtes Ding, einen Zöllner ins Amt zu nehmen, so vordem nicht geschehen, da Zöllner, Müller, Schäfer und dergleichen Sorten (als unehrliche Leute) öffentliche Ämter nicht besitzen dürfen!" Sie bestritten zwar dem Stahl sein „ehrliches Herkommen" nicht, können ihn aber nicht in ihr Amt aufnehmen, da er sich zum Zöllner hat gebrauchen lassen. Der entschiedene Protest musste großen Eindruck beim Rat der Stadt hinterlassen haben. Stahl hat die Stadt dann wohl eilig verlassen, denn sein Name kam in den Bürgerlisten späterer Jahre nicht mehr vor. Das Hakenamt stand nun geachteter denn je da und hatte sich seine Zugehörigkeit zum 1. Stand erkämpft und behielt diesen auch noch über mehrere Jahrhunderte.
Durch die vielseitige Verflechtung der Jahrmärkte mit dem wirtschaftlichen und gesellschaftlichen Leben war die Kenntnis der Markttage von großer Bedeutung. In der zweiten Hälfte des 18. Jahrhunderts lebte in Greifswald der Doktor der Rechte R. Gesterdings. In dem von ihm im Selbstverlag auf eigene Kosten gedruckten „Pommerschen Museum" (1782 und 1784) machte er den Versuch, eine Übersicht der Jahrmärkte der Umgebung

zusammenzustellen. Dabei musste er feststellen, dass nicht alle Marktorte seinem Wunsche nach Mitteilung der Jahrmarktstage nachkamen. Diese Orte bezeichnete er später als „kurzsichtig und bequem“, wobei er betonte, dass Städte wie Demmin, Treptow a. T., Jarmen und Loitz „auf der Höhe der Zeit waren und sicherlich ihren Gewinn daraus gezogen haben“. Sicherlich, einfach war die Festlegung der Jahrmarktstage niemals gewesen, musste man doch Rücksicht auf die benachbarten Marktstädte und die Marktbezieher nehmen. Jedenfalls brachten die damaligen Märkte beträchtliche Mengen an Füßen, Händen und Werten in Bewegung.

Karl Stolle, Beschreibung und Geschichte der Hansestadt Demmin, 1772

An der Treptower Straße befand sich in den 1950er-Jahren der Demminer Bauernmarkt. Auf diesem Gelände, welches direkt an den Marienhain grenzt, stand das ehemalige Offizierskasino der Demminer Ulanen.

DIETRICH VON HEYDEN-LINDEN

Ein Demminer Physiker und Erfinder

Friedrich von Heyden-Linden (1843-1904) verkörperte in allen Punkten den Werdegang eines von Heyden-Linden. Er war mittelgroß und vereinte mit der schlanken, eleganten Figur die durchgebildete Straffheit des Offiziers, und er war ein sehr guter Landwirt und Forstpfleger. Am 12. Dezember 1880 heiratete Friedrich auf Schloss Griebenow bei Greifswald Carola Freiin von der Lancken-Wakenitz (1860-1942). Das vermählte Paar fuhr anschließend über Loitz und Demmin auf das gepachtete Rittergut Philippshof bei Altentreptow. Auf Philippshof, Lindenhof und dem später gekauften Gut Gehmkow kamen sechs Kinder zur Welt: Georg, Ilse, Rüdiger, Echard, Barbara und Dietrich.

Dietrich von Heyden-Linden wurde als Nachkömmling 1898 in Gehmkow im Kreis Demmin geboren. Er liebte das heimatliche Gehmkow, seine Ruhe und Beschaulichkeit. Den Tod seines Vaters Friedrich erlebte er mit noch nicht ganz sechs Jahren. Mit 16 Jahren geschah dann das Ereignis, das ihn sein Leben lang prägte und das er als „Witwenverbrennung" bezeichnete. Georg, sein ältester Bruder, heiratete im Juli 1914 Margot von Maltzahn aus Ganschendorf und übernahm als Erbe das Gut Gehmkow.

Dietrich von Heyden-Linden – Plastik des Demminer Künstlers Karl Schlösser von 1982.

Die Mutter Carola zog mit ihren Kindern Dietrich und Ilse nach Demmin in ein Haus am Mühlenteich. Beiden Kindern, vor allem aber Dietrich, kam dieses wie die Vertreibung aus dem Paradies vor. Beide Geschwister gingen von nun an auch eigene Wege. Ilse war eine begeisterte Malerin, die sich schon als Zwölfjährige mit der angestrebten Rolle als Künstlerin auseinander setzte. Dietrichs Liebe und Interesse galt früh den Naturwissenschaften. Er machte in Demmin sein Abitur und studierte wohl als erster der Familie von Heyden-Linden Physik. Beide Geschwister waren in der Familie Außenseiter und lebten in finanziell sehr bescheidenen Verhältnissen. Dietrich machte sich 1926 zusammen mit einem Studienfreund selbständig. Beide wollten Radio-Apparate bauen. Die Wirtschaftskrise jedoch machte diesem Unternehmen bald ein Ende. Nach seiner Heirat im Jahre 1928 mit Hildegard Strehlow, der Tochter des Direktors des Demminer Lyzeums, betrieb er in den 1930er Jahren ein Radio-Fachgeschäft. Dieses lief nicht besonders und erst nachdem er einige wichtige Erfindungen machte, die er patentieren ließ, ging es der Familie etwas besser.

Dietrich wohnte lebenslang im Haus am Mühlenteich, das ihm nach dem Tod der Mutter 1942 zugefallen war. Wichtig für ihn wurde die Entwicklung eines Simulators zur Schulung von Piloten.
Anfang der 1940er Jahre entwickelte Dietrich in seiner Werkstatt im Haus am Mühlenteich einen Simulator zur Schulung von Piloten. Dank diesem Simulator lernten die jungen Piloten ihre Maschinen zu steuern, ohne das ein Fehler den Absturz von Mensch und Maschine zur Folge gehabt hätte. In dem Lehrgebäude des Fliegerhorstes Tutow bei Demmin wurde dieser Simulator aufgebaut. Die Anlage war 10 m hoch und 20 m lang. Sie bestand aus der Kanzel einer Ju 88, die so montiert war, dass man sie in verschiedenen Positionen bewegen konnte. Die Kanzel war mit allen Gräten, wie z. B. Bombenzielgerät, Koordinationsgerät, Funkbedienung bis hin zum Flugbuch ausgestattet. Zur Nachrichtenübermittlung war der Pilot direkt mit seinem Ausbilder verbunden. Unter dieser Kanzel, in ca. 30 cm Höhe, befand sich eine Struktur-Landkarte, die jederzeit austauschbar war. Es handelte sich dabei um ein rotierendes Band, auf das man in grellen Farben eine Landschaft mit Bergen, Flüssen und Seen gemalt hatte.
Die Luftwaffe führte das Gerät ein und übernahm den bis dahin technischen Angestellten des Fliegerhorstes Tutow im April 1941 in das Ingenieurkorps der Luftwaffe. Bis 1945 war Dietrich Fluglehrer und Berater für Pilotenausbildung im Berliner Luftwaffenministerium.
Im Frühjahr 1944 wurde der Flugplatz Tutow verstärkt von den Alliierten angegriffen. Bei Fliegeralarm gab es für die gesamten Angehörigen des Fliegerhorstes eine „organisierte Werkflucht". Alle wurden in einem Umkreis von fünf Kilometern verteilt

Dietrich als Soldat im Ersten Weltkrieg.
Foto: Atelier Silberschlag, Demmin

und sahen von da aus wie die Bomben auf den Fliegerhorst fielen. Auf dem Flugplatzgelände gab es zwar einige 2 cm-Vierlings-Flakgeschütze, doch gelang es eher selten die teilweise sehr hoch fliegenden Bomber zu erreichen. Trotzdem gelang es einige Male. An einem dieser Tage war auch Dietrich in Tutow. Nach dem Angriff, der Flugplatz war noch gar nicht freigegeben, sah man den Fluglehrer schon an der abgestürzten Maschine herummontieren und Teile die

Das Haus am Mühlenteich 6 nach der Renovierung in den 1970er Jahren.

Die Drehbank aus dem ehemaligen Bezirkslager der Wehrmacht wurde von Dietrich 1945 abmontiert und im Haus am Mühlenteich wieder zusammengesetzt.

ihn interessierten auszubauen. Es gelang ihm auch größere Teile zum Beispiel ganze Motoren mit einem Gewicht von weit über eine Tonne auf sein Grundstück in Demmin transportieren zu lassen. In den Stallungen fand sein späterer Assistent Peter Rodenberg sogar noch in den 60er Jahren Flugzeugteile aus Tutow, sauber in Ölpapier eingeschlagen und beschriftet. Es war auch nicht verwunderlich, dass dort auch größere Glasballons mit englischem Benzin und französischem Öl befanden. Erstens war eine Analyse dieser chemischen Substanzen für Dietrich sehr interessant und zweitens konnte man alles noch einmal gebrauchen. Selbst für seinen Mitarbeiter Herrn Rodenberg ist es heute noch ein Rätsel, wie er die ganzen Teile nach Demmin bringen konnte. Eigentlich fuhr Dietrich, wie andere Demminer auch, nur mit einer Aktentasche vom Demminer Bahnhof mit der Werkbahn nach Tutow.

Gleich nach Ende des Krieges richteten die sowjetischen Besatzer direkt vor dem Heydenschen Grundstück eine Reparaturstation für ihre Lastkraftwagen ein. Bei Frost und Regen wurden hier von den Soldaten Motoren und ganze Getriebe auseinander genommen und wieder zusammengesetzt. Natürlich liefen hier auch sehr viele Offiziere herum. In einer ganz jämmerlichen Bekleidung fand man unter ihnen auch Dietrich von Heyden-Linden. Er hatte ihnen einige Ställe zur Verfügung gestellt und war sehr bemüht sich ein gewisses Vertrauen zu erwerben. Diese Gratwanderung eines von Heyden zu den sowjetischen Besatzern beherrschte er augenscheinlich sehr gut. Als Chemiker hatte er dann auch eine Idee, die seinen Interessen und natürlich auch seinem Auskommen dienlich sein könnte. Einige der höheren Offiziere hatten ihre Frauen in der Stadt und das erkannte Dietrich als sehr nutzbringend. So setzte er sich in sein Labor und entwickelte ein recht intensives Parfüm für die Damen der Offiziere. In mehreren 50 Liter Ballons stand nun der sprichwörtliche „Russendiesel" in seinem Keller. Abgefüllt in kleinen Fläschchen, wurden diese getauscht gegen Brot und Gemüse aber auch Öl, Benzin und natürlich Primatsprit - der wiederum die Grundlage für die Parfümherstellung bildete. So war es Dietrich möglich seine Familie einigermaßen durch die schweren Nachkriegsjahre zu bringen und für sich ein wenig Sicherheit vor der Verschleppung zu haben. Für Ihn ging diese Rechnung jedenfalls auf. Dietrich baute seine Werkstatt wieder auf und versuchte, wie alle anderen auch, einen Neuanfang. Dass er dabei seine besonderen Eigenschaften wie Beharrlichkeit und Zielstrebigkeit voll einsetzte und manchmal schon fast zu weit ging, mag das folgende Beispiel zeigen.

Im ehemaligen Bezirkslager der Wehrmacht (später Kraftverkehr Demmin) stand eine für die damalige Zeit ganz moderne Drehbank. Auf diese große Drehbank hatte Dietrich ein Auge geworfen. Über mehrere Tage hatte er sie schon in mehrere Teile zerlegt und wollte diese Teile mit dem Handwagen nach Hause fahren. Es war kein Problem das Gelände zu betreten, aber mit einem beladenen Handwagen es wieder zu verlassen schon. Vor dem Eingang stand immer ein Russe und sooft er auch an ihm vorbei wollte, er hat Dietrich immer wieder zurück gescheucht. Daraufhin ist er mit dem Handwagen hinter dem Lager über das Feld, hinunter zum Pensiner Weg, und von da aus nach Hause gefahren. Es war ein komisches Bild, einen doch sehr kleinen, schmächtigen Mann in einem

zerlöcherten Kittel mühsam einen Handwagen durch die zerstörte Stadt ziehend zu sehen. Man hatte ihn einfach nicht für voll genommen und ziehen lassen. Er hatte seine Fuhren so lange gemacht, bis er die gesamten Teile der Drehbank in seinem Haus am Mühlenteich hatte. Hier konnte er nun in aller Ruhe die Drehbank zusammen bauen. Es ist schon erstaunlich ein solches Wagnis einzugehen, bewusst dessen, dass zur gleichen Zeit am Mühlengraben ein Mann erschossen wurde, der sich nur ein Heizkissen um den Bauch gewickelt hatte.
1948 nahm sich seine Frau Hildegard in einer Depression das Leben. Sie befürchtete, Dietrich würde eines Tages als Wissenschaftler in die Sowjet-Union entführt werden. Ein Jahr später starb seine Schwester Ilse. 1956 heiratete Dietrich ein zweites Mal. Seine Frau Ulla Bormann, ebenfalls eine Demminerin, half dem 58-Jährigen auf dem Weg zu einem Neuanfang.
Dietrich bekam einen Auftrag von der Akademie der Wissenschaften in Berlin. Anschließend wurde er von dem Auftraggeber als wissenschaftlicher Arbeitsleiter der Akademie angestellt. Da er in Demmin bleiben wollte, wurde eigens für ihn eine Außenstelle eingerichtet und einige Räume in seinem Haus als Labor- und Werkstatträume umfunktioniert. Damit ging letztendlich ein großer Wunsch für Dietrich in Erfüllung. Bis über das 80. Lebensjahr hinaus lebte und arbeitete er als der einzige anerkannte Privatwissenschaftler in der DDR in seinem eigenen Haus. Dietrich starb am 25. August 1986. Sein Nachlass und zum Teil auch der seiner Schwester, der Malerin Ilse von Heyden-Linden, wurde in alle Winde zerstreut und das Haus am Mühlenteich in Demmin zerfällt heute mehr und mehr.
Dietrich von Heyden-Linden entsprach nicht der adeligen Norm, die eine Laufbahn als Landwirt oder zumindest als Offizier vorschrieb. Er war sich dessen von Anfang an bewusst: „Für Jagt und Landwirtschaft habe ich mich nie interessiert. Deshalb hatte ich mir mit den Leuten auf den Gütern nicht viel zu erzählen. Denn die redeten ja fast von nichts anderem."
Zurückblickend auf sein Leben war Dietrich von Heyden-Linden eine Persönlichkeit von großem Können und ernstem, klaren Wollen. Ungern trat er in der Öffentlichkeit auf, wirkte viel lieber im Verborgenen und schöpfte seine Kraft aus einer gewissen Art der Unabhängigkeit. So lebte und arbeitete Dietrich als dann einziges Glied der Familie in der alten Heimat. Kein Glied der Familie, das die alte Heimat besuchte, versäumte es, bei ihm und seiner gastfreundlichen Frau zu sitzen, um seinen Erzählungen aus alten Zeiten zu lauschen.

EINE VERTRAGSWERKSTATT FÜR FERNSEHER

Bis 1960 hatte Dietrich von Heyden-Linden eine kleine Rundfunkwerkstatt in Demmin, die ihm ein bescheidenes Auskommen sicherte. Seine sehr guten Kenntnisse in allen Fragen der Elektrik und seine ruhige Art dieses Wissen zu vermitteln, eröffnete Dietrich eine ganz neue Art zu arbeiten. Ab 1950 übernahm er für die Berufschule und Volkshochschule als Ausbilder die Elektriker des Landkreises Demmin. Der Unterricht fand in seinem eigenen Haus statt. Ab 1954 ging auch Peter Rodenberg aus Demmin auf die Berufschule. Peter

Rodenberg wollte damals Rundfunkmechaniker bei Herrn Zschaikowsky werden. Vier Wochen vor Beginn seiner Lehre bekam Peter Rodenberg jedoch eine Absage von der Abteilung Volksbildung. Darin hieß es, Herr Zschaikowsky dürfte keine Ausbildung machen, da er Ingenieur und kein Meister wäre... Drei Jahre später wurde alles wieder revidiert und Peter Rodenberg konnte seine Lehre beginnen. Nach dem Abschluss begann dann seine Tätigkeit als Rundfunk- und Fernsehmechaniker bei Dietrich von Heyden-Linden. In dieser Eigenschaft musste er ein Jahr lang einmal in der Woche nach Neustrelitz fahren, wo sich alle zum Lehrgang trafen, die eine Fernsehwerkstatt hatten oder dort arbeiteten. 1952 hatte Dietrich von Heyden-Linden die einzige Vertragswerkstatt für alle Rundfunk- und Fernsehgeräte in Demmin. Im Unterrichtsraum in seinem Haus standen damals manchmal 20 bis 25 Fernsehgeräte zur Reparatur. Diese mussten am Tag der Schule erst einmal aus dem Raum gebracht werden.

Die ersten Fernsehgeräte der DDR Produktion mit dem klangvollen Namen „Dürer" und „Rubens" waren große und schwere Geräte mit Holzverkleidung und hatten dadurch ein ziemlich hohes Eigengewicht. Auch waren sie noch sehr störanfällig und eine Reparatur war meist gar nicht so einfach. Es waren zum größten Teil Garantieleistungen und man hatte keine Ersatzteile in Demmin. Peter Rodenberg musste dann mit den defekten Teilen mehrmals im Monat mit dem Bus zur „Tauschstelle" nach Rostock fahren. Aber dort konnte man sie nicht etwa gegen neue tauschen, sondern nur abgeben. Nach ca. 14 Tagen bekam man Bescheid und durfte sich die neuen Teile abholen. Das klappte aber auch nur dann, wenn welche geliefert wurden. Die Fernseher standen manchmal vier Wochen und länger in der Werkstatt. Erst nach etlichen Jahren konnte man sich in der Demminer Werkstatt ein kleines Ersatzteillager zulegen und die Geräte konnten schneller an die Kunden ausgeliefert werden.

Werbung im Demminer Adressbuch 1927

DIE SUPERANTENNE

Wer das Heydensche Haus vor sich sah, kam nicht umhin die hohe Antenne zu bewundern. Natürlich hatte das auch seinen ganz besonderen Grund und zeigt einmal mehr - wo ein Wille ist, ist auch ein Weg. Die Antenne auf dem Haus hatte eine Höhe von 14 m über dem Dach! Sie war nicht in erster Linie fürs Fernsehen gedacht sondern für den UKW-Empfang. Dabei ging es um die Aufnahmen von Operetten, die Dietrich von Heyden-Lindens große Leidenschaft waren. Diese Antenne war natürlich nach eigenen Plänen gebaut worden. Sie musste drehbar sein, da man je nach Wetterlage ein Empfang von Hamburg (NDR) oder Berlin (RIAS) hatte.

Da das Haus am Mühlenteich sowieso sehr tief lag, war es sehr schwierig diese Sender regelmäßig zu empfangen. Dementsprechend wurde auch eine eigens dafür entwickelte Verstärkeranlage gebaut, die ihresgleichen in ganz Demmin suchte. Diese große Antenne bestand aus zusammen geschweißten und verschraubten Rohren. Dietrich hatte begonnen ein Stück zu schweißen und dann zu Peter Rodenberg gesagt: „So, Peter, Du musst das Lernen und mach das vernünftig!" Und der Assistent schweißte dann mehrere Wochen. Die gesamte Antenne stand auf einem Elektromotor. Dieser wiederum stammte von einem Flugzeug und hatte dort die Aufgabe gehabt das Fahrwerk einzufahren. Es war ein sehr schnell laufender Gleichstrommotor mit 27 V (alle Geräte in den Flugzeugen waren auf 27 V ausgelegt) und hatte ein riesiges Getriebe. Dadurch konnte die Antenne ganz langsam gedreht werden. Dies geschah mittels Fernbedienung über ein Kabel. Die ganze Antenne ging durch die einzelnen Geschossdecken des Hauses bis hinunter in den Keller. Ein Rohr hatte die Länge von 8 m und diese Rohre wurden immer einen Meter ineinander gesteckt. Jedes einzelne Rohr musste durch den unteren Flur in die erste Etage hochgerichtet werden. Dort war ein Loch in den Fußboden mit einem Durchmesse von ca. 50 cm gestemmt. Nun gab es schon beim ersten Rohr ein Problem. Es ließ sich einfach nicht aufrichten. Kurz entschlossen wurde ein langer „Kanal" in den Fußboden geschnitten und so ein Mast nach dem anderen zusammengesetzt. Nachdem die ganze Antennenanlage stand, gab es leider einen kleinen Nebeneffekt. Bei starkem Wind knarrte der ganze Mast Tag und Nacht so, dass man es bis unten im Labor hörte. Die Nächte wurden von da an bei den Heydens mit Watte in den Ohren verbracht. Dies ist wirklich so gewesen, bestätigte Peter Rodenberg. Es kam sogar noch etwas dazu. Nicht weit vom Haus stand damals noch der große Gasbehälter der Demminer Gasanstalt. Wenn ein Sturm kam, standen immer einige Leute dort oben auf dem Rundgang und riefen: „ jetzt muss er kommen! Jetzt bricht er!" Die Leute wurden immer wieder enttäuscht - er tat es einfach nicht. Dieser Antennenmast war von Dietrich von Heyden-Linden ganz genau berechnet und ein Schwenken an der Mastspitze von fast einem Meter war in diesem Fall ganz normal. Auf dem Boden stand eine Seilwinde (ebenfalls Eigenbau) mit der man den ganzen Mast anheben, eine Eisenplatte entfernen und so den gesamten Mast samt Antenne herunterlassen konnte. Oft war Dietrich mit der Bahn unterwegs: „Ich fahr heute nach Neubrandenburg! Um 15.00 Uhr kommt vom RIAS die Programmvorschau. Peter, Du gehst dann hoch, schaltest die ganze Anlage ein und schreibst Dir auf, was es an wissenschaftlichen Gesprächen und Operetten gibt." Das geschah ein paar Mal die Woche und Dietrich von Heyden-Linden konnte sicher sein, dass er auch ja nichts versäumte. Die Raumfahrt war gerade in den Anfängen und für einen Wissenschaftler wie Dietrich von Heyden-Linden war diese Entwicklung hochinteressant.

DER MUSIKRAUM

Seit 1945 wohnten im Heydenschen Haus auch zwei ältere Damen (von Seckendorf), die in den 1960er-Jahren verstarben. Nun konnte sich Dietrich einen lang gehegten Wunsch erfüllen und sich einen Musikraum einrichten. Der Raum musste schallarm sein, es durften also keine glatten Wände vorhanden sein. Vor die Fenster konnte man schwere Vorhänge ziehen und die Wände wurden mit dickem Stoff bespannt. Das ließ sich relativ leicht bewerkstelligen. Was aber sollte man an der Decke anbringen? Die Lösung ließ nicht lange auf sich warten. Peter Rodenberg wurde beauftragt, Eierpackungen zu besorgen. In der Demminer Bergstraße gab es damals eine Eierannahmestelle. Hier konnte man aber keine neuen, sondern nur verschmutzte Eierpackungen bekommen. Also mussten diese erst mühselig gereinigt und dann mit einer extra angefertigten Schablone auf gleiche Größe geschnitten werden. Anschließend wurde mit einer Spritzpistole gleichmäßig Schlemmkreide aufgetragen. Nach dem Trocknen befestigte man die einzelnen Packungen mit einem selbst hergestellten Leim an der Decke. Dietrich von Heyden-Linden war mit dem Ergebnis sehr zufrieden. Nur bei Temperaturwechsel kam es schon mal vor, dass die eine oder andere der Eierpackungen nach unten segelte. Das war jedoch kein Problem. Sie bekamen neuen Leim und man klebte sie wieder an. Der Musikraum wurde nun mit Korbsesseln ausgestattet und auf der gegenüberliegenden Seite standen die selbstgebauten großen Lautsprecher. Plattenspieler und Plattensammlung gehörten ebenfalls dazu. Die Verstärkeranlage konnte von einem der Korbsessel aus bedient werden, ebenso das Radio und die Bandmaschine. Voller Stolz soll Dietrich von Heyden-Linden jeden Besucher in diesen Musikraum geführt haben.

DIE MURMELPISTOLE

Hinter dem Heydenschen Haus gab es einen großen Garten, der sich bis zum Richtgraben erstreckte. Dietrich von Heyden-Linden saß meistens am Nachmittag gern im Garten und trank seinen Kaffee. Dabei ärgerten ihn zunehmend die Krähen in den großen Bäumen und er machte sich Gedanken, wie er diese verjagen konnte. Was also tun? Er musste sich etwas einfallen lassen, um diese Krähen zu verscheuchen. Das Resultat langer Überlegungen war eine Murmelpistole. Diese bestand aus einem Messingrohr, einem Murmelmagazin mit mindestens zehn Murmeln. Nun fehlte nur noch ein Antrieb. Und der bestand aus Propangas. Ein kleiner Schlauch verband eine kleine Flasche Flüssiggas mit der Murmelpistole. Ein kleiner Druck auf den Auslöser und von den Bäumen in zehn Metern Höhe fielen die Blätter. Soweit war Dietrich mit seiner Erfindung zufrieden. Doch es verlief nicht alles so reibungslos wie er dachte. Die Pistole hatte einen Lauf von 12 mm gehabt, dann durften die Murmeln höchstens einen Durchmesser von 11 mm haben. Die Murmeln bestanden aus gebranntem Ton und hatten natürlich verschiedene Durchmesser. Die einen blieben stecken und bei den kleineren ging das Gas an der Seite vorbei. Nun hieß es erst mal: „Wir müssen Murmeln besorgen!" Dietrich von Heyden-Linden fuhr also nach Neubrandenburg und kaufte Murmeln und das kiloweise. In allen Spielzeugläden der Stadt wurden Murmeln gekauft. Zurück in Demmin wurde die nächste Idee sofort umgesetzt. Die Murmeln mussten nun nach Größe sortiert werden. Dafür wurden zwei Winkeleisen aneinander gesetzt. Unten waren sie 10 mm und oben 12 mm auseinander. Darunter standen lauter kleine Schachteln, in die dann die sortierten Murmeln gefallen sind. Da nun Murmeln aussortiert wurden, reichten sie natürlich nicht lange. „Peter, Du musst Murmeln besorgen!" Und so reiste Peter Rodenberg nach Loitz, Jarmen und Greifswald und kaufte Murmeln. Bei dieser Gelegenheit nahm er auch einige „Aussortierte" wieder in die Läden mit. „Hier haben sie fünf Kilo Murmeln, die sind neu und ungebraucht, die können sie alle wieder einsortieren, geben sie mir dafür fünf Säckchen neue!"

Natürlich ging nicht jedes Geschäft darauf ein, aber bei einigen klappte es dennoch. Nun wurde bei jedem Besuch im Haus am Mühlenteich die Murmelpistole vorgeführt. „Peter, Du musst heute noch Murmeln besorgen, morgen kommt Besuch!"

Nun war es so, dass einige dieser Tonmurmeln schon beim Austritt aus dem Lauf zersplitterten, andere an den Ästen der Bäume. Das Grundstück war übersät mit Splittern, aber das war nicht so wichtig - die Murmelpistole hatte sich bewährt - das war wichtig.

Dietrich von Heyden-Linden mit seiner Frau Ulla bei Kaffee und Kuchen.

DAS BOOT AUF DEM TOLLENSESEE

Beruflich war Dietrich von Heyden-Linden oft in Neubrandenburg. Der große Tollensesee faszinierte ihn und so kaufte er sich ein Motorboot samt Bootsschuppen an diesem See. Als Ingenieur interessierten ihn der Motor des Bootes, sein Aufbau und die Wirkungsweise in Verbindung mit Wasser und Geschwindigkeit. So kam es, dass Dietrich von Heyden-Linden das kleine Boot zu einem Rennboot umbaute. Allerdings hatte dieses Boot keinen Schalldämpfer, das war für den Konstrukteur überhaupt nicht wichtig. Sein Boot konnte man dann auch bis zu einer Entfernung von 10 km hören! Im Bootsschuppen am Tollensesee passierte auch eine Geschichte, die einem Physiker gar nicht gut zu Gesicht stand. Obwohl verboten, stand im Bootsschuppen immer ein 200 Liter Fass mit Benzin. Das Fass war nie ganz voll und immer wenn Peter Rodenberg im Frühjahr mit dem Auto in Neubrandenburg zu tun hatte, wurde ein Kanister mit Benzin mitgenommen und das Fass aufgefüllt. Es durfte einfach nie passieren, dass Dietrich von Heyden-Linden für einen überraschenden Besuch in Neubrandenburg eventuell wegen Spritmangels nicht mit seinem Boot fahren konnte. Es war im Frühjahr 1971 und alles war für die Saison am Tollensesee vorbereitet. Der kleine Kanister wurde in das halbvolle, große Fass umgeschüttet und mit einer kleinen Handpumpe das Boot betankt. Es war alles zum Auslaufen bereit. Dietrich drückte auf den Anlasserknopf aber nichts rührte sich. Natürlich sprang ein Motor nach dem Winter nicht gleich beim ersten Mal an, das war schon klar. Aber als sich nach einer halben Stunde immer noch nichts tat, ging man daran alle Leitungen und Verbindungen zu überprüfen. Am Abend hatte man immer noch keinen Erfolg und verschob die Sache auf den nächsten Tag. Schon am frühen Morgen begannen die beiden den gesamten Motor zu untersuchen. Der Vergaser wurde völlig auseinander genommen und auch an der Zündanlage wurden etliche Teile ausgetauscht. Am zweiten Abend war der komplett überholte Motor wieder eingebaut. Dietrich drückte auf den Anlasser – der Motor sprang nicht an. Peter Rodenberg ging jetzt besser an die frische Luft, während Dietrich den Kopf zwischen den Händen vergrub und angestrengt nachdachte. Keine fünf Minuten später reichte er seinem Assistenten den kleinen Benzinkanister und dieser machte sich auf den Weg zur Tankstelle. Das alte Benzin wurde aus dem Boot gepumpt und das neue eingefüllt. Dann ein Druck auf den Anlasser und der Motor sprang sofort an. Jetzt verstand auch Peter Rodenberg. Das alte Benzin in dem 200 Liter Fass gaste natürlich über die Jahre und der Alkohol verdunstete regelrecht. Der Kraftstoff war jetzt so minderwertig, dass er für einen Motor nicht mehr zu gebrauchen war.

MESSINSTRUMENTE AUF DEM STECHLINSEE

Eine Aufgabe der Akademie der Wissenschaften in Berlin war für das Atomkraftwerk Reinsberg, die 1962 begann und mit dem Aufbau 1966 endete. Durch das warme Abwasser des Kraftwerkes, das in den Stechlinsee geleitet wurde, befürchtete man etwaige Spätfolgen für See und Umwelt. Einige wenige Wissenschaftler in Berlin beschäftigten sich damals schon mit dem Umweltschutz und konnten zum Beispiel solche Arbeiten in Auftrag geben. Um diese Erwärmung zu messen wurde ein Stahlfloß gebaut, auf dem man verschiedene Messinstrumente installierte. Die gesamte Anlage funktionierte nach einem ganz einfachen Prinzip. In einem genau berechneten Behälter war die Wasseroberfläche genau in Höhe des Sees. In diesem Behälter war ein Schwimmer aufgehängt, der die verdunstete Wassermenge genau ermitteln konnte. Anschließend pumpte man wieder Wasser zu, um den gleichen Wasserspiegel zu erreichen und eine neuer Messvorgang begann. Die gesamte verdunstete Menge an Wasser wurde auf den ganzen See umgerechnet. Über ein 40 m langes Unterwasserkabel gelangten die Messdaten an eine kleine Station am Ufer, die diese Daten speicherte. Diese Versuchsreihe lief über mehrere Jahre. Wie sich die Erwärmung nun auf die Pflanzen- und Tierwelt ausgewirkt hat, war anderen Wissenschaftlern der Akademie der Wissenschaften vorbehalten. Dietrich bekam diese Auswertungen in den seltensten Fällen zu Gesicht. Alle Teile für dieses Projekt wurden im Haus am Mühlenteich nach Dietrichs Berechnungen und Plänen hergestellt, nach Reinsberg transportiert und dann auf dem See zusammengebaut.

Die Aufnahmen stellte freundlicherweise Peter Rodenberg zur Verfügung.

Messanlage für das Atomkraftwerk Rheinsberg auf dem Stechlinsee.

Das Heydensche Haus mit der Hofeinfahrt.

Glückwünsche zum 85. Geburtstag durch Demmins Bürgermeister Scheel.

VOR ALLEM HANDEL MIT GETREIDE

Der Treptow-Demminer landwirtschaftliche Ein- und Verkaufsverein

Im sächsischen Delitzsch versuchte schon im Jahre 1849 der dortige Kreisrichter Schultze eine auf den Grundsätzen der Selbsthilfe beruhende Organisation ins Leben zu rufen. Der Versuch scheiterte jedoch, da die rechtlichen Grundlagen für eine derartige Vereinigung fehlten. Erst durch die Verabschiedung eines Gesetzes am 1. Mai 1889 konnten die Gesellschaften, welche die Förderung der Wirtschaft ihrer Mitglieder durch gemeinschaftlichen Geschäftsbetrieb erreichen wollten, „die Rechte einer eingetragenen Genossenschaft mit beschränkter Haftung" erwerben. So blieben Handwerker, kleine Gewerbetreibende und Landwirte selbstständig,

Vorstandsvorsitzender Albrecht von Heyden-Linden

erlangten aber Vorteile, beispielsweise beim Einkauf als Großabnehmer oder beim Verkauf ihrer Produkte über eine eigene Absatzorganisation.

Anfang der 80er Jahre des 19. Jahrhunderts hatte auch in Vorpommern das Zeitalter der Industrie begonnen. Die ländliche Bevölkerung wanderte in die Industriegebiete ab; langsam begann man, künstliche Düngemittel einzusetzen. Die bis dahin hauptsächlich mittels Naturallöhnung betriebene Landwirtschaft begann sich in eine Geldwirtschaft mit schnell steigenden Umsätzen zu wandeln. So drängten die Verhältnisse auf einen genossenschaftlichen Zusammenschluss der Betriebe hin. Im Jahre 1895 wurden die ersten Vereine in Vorpommern gegründet.

Auf Betreiben des Hofbesitzers Hermann Rathsack aus Grapzow fand am 25. Februar 1902 im Hotel „Deutsches Haus" in Treptow a. T. (heute Altentreptow) eine Gründungsversammlung statt. Nach langen Auseinandersetzungen und heftigen Debatten erklärten sich 17 der Anwesenden bereit, einen Ein- und Verkaufsverein zu gründen. In dem entsprechenden Protokoll heißt es unter anderem: „Nach Besprechung des Gegenstandes des geplanten Unternehmens und nach Beratung der Satzung erklärten sich die Versammelten für Errichtung einer Genossenschaft unter der Firma: Treptow-Demminer landwirtschaftlicher Ein- und Verkaufsverein, eingetragene Genossenschaft mit beschränkter Haftung mit Sitz in Treptow a. T., Kreis Demmin." Zum Vorsitzenden des Vorstandes wurde Albrecht von Heyden-Linden aus Tützpatz und zum Vorsitzenden des Aufsichtsrates Hermann Rathsack aus Grapzow gewählt.

Vom Anklamer landwirtschaftlichen Ein- und Verkaufsverein kam der erst 24-jährige Willi Sepke, der als Direktor eingesetzt wurde. Er eröffnete am 28. Februar 1902 offiziell den Betrieb. Noch waren die eigenen Mittel bescheiden und es musste gespart werden. So wurde vorläufig nur das erste Stockwerk eines vorhandenen Speichers gemietet, ein Fremdenzimmer des Hotels durch einen Vorhang in Büroraum und Schlafzimmer geteilt und das Telefon des Gastwirts mitbenutzt. Die anfallenden Arbeiten wurden noch vom Geschäftsführer selbst erledigt.

Die Zahl der Mitglieder erhöhte sich im zweiten Geschäftsjahr auf 37 und im Jahr darauf bereits auf 71. Die Umsätze begannen zu steigen, so dass man im Jahr 1904 ein Grundstück kaufen und darauf einen Speicher mit einem Fassungsvermögen von 900 Tonnen errichten konnte. Gehandelt wurde hauptsächlich mit Getreide, Sämereien, Düngemitteln, Futtermitteln und Brennmaterial, wobei das Getreide den Hauptanteil hatte. Darum waren Speicher mit Gleis- und Hafenanschluss auch Voraussetzung für die geplante Erweiterung der Genossenschaft. Jedoch hätten getrennte Speditionen in Jarmen und Demmin auf die Dauer zu hohe Kosten verursacht. Darum entschloss man sich, den Getreidehandel an einer Stelle zusammenzuführen.

Im Jahre 1913 wurde in Demmin eine Spedition gegründet und nach langen Verhandlungen am Hafen der Hansestadt ein Baugelände gekauft. Von der Peene aus baute man einen eigenen Kanal von 125 Meter Länge und 15 Meter Breite. Die Ladeseite wurde mit einem massiven Bollwerk versehen. Daran errichtete man Lademöglichkeiten zur Klein- und Staatsbahn. Demmin wurde nun Dreh- und Angelpunkt der Genossenschaft, und das spiegelte sich auch in den Bilanzen wider. Betrug der Warenumschlag von Getreide 1911 noch 192.913 Zentner, so waren es 1914 bereits 196.658 Zentner. Sogar der Erste Weltkrieg brachte dem Unternehmen große Gewinne. Dem Treptow-Demminer Ein- und Verkaufsverein wurden fast alle Wirtschaftsangelegenheiten in Getreide, sowie

Beamtenwohnhaus des Vereins in Demmin, Kahldenstraße 27

Futter- und Düngemitteln übertragen, er wurde Hauptkommissionär des Kreises und erhielt die Kreisfuttermittelstelle. Dadurch ergaben sich enge Verbindungen zum Landratsamt Demmin. Am 1. Juli 1917 übersiedelte denn auch die Hauptgeschäftsstelle von Treptow a. T. nach Demmin. Als erstes war der Verein auf der Suche nach einem entsprechenden Geschäftshaus. Schon ein Jahr später fand man es in dem alten Kaufmannshaus der Familie Davidson mit einem Hintergebäude an der Kahldenstraße. Auf diesem Grundstück wurde dann ein neues, dreistöckiges, repräsentatives Geschäftshaus errichtet (Am Markt 23). Ebenfalls im Jahre 1918 kaufte man die kleine Schmiede der Firma Schwarz & Bruder sowie zwei weitere angrenzende Grundstücke und errichtete darauf eine Maschinen-Reparatur-Werkstatt (Treptower Straße 1–2). Der Verkaufsverein entwickelte sich rasch zum größten Arbeitgeber der Hansestadt. Die Getreidespeicher am Hafen entsprachen schon lange nicht mehr den Anforderungen und so errichtete die Firma 1924/25 den großen, noch heute vorhandenen Silospeicher. Dieser hat ein Fassungsvermögen von etwa 3000 Tonnen sowie eine moderne Schiffselevator-Anlage mit einer Leistung von 50 Tonnen Getreide pro Stunde. Der Rechnungsbericht von 1926 nennt 1293 Mitglieder, 1011 aus dem Kreis Demmin, 62 aus dem Kreis Grimmen und 220 aus Mecklenburg-Schwerin. Diese Mitglieder waren an der Genossenschaft mit 9472 Anteilen zu 30 Reichsmark beteiligt und vertraten eine Haftsumme von 2 841 600 Reichsmark. Den größten Anteil stellten

Angestellte und Arbeiter des Treptow-Demminer Ein- und Verkaufsvereins, 1926

natürlich Bauern und Pächter. Daneben waren auch kleinere Genossenschaften, Handwerker, Lehrer, Beamte, ja sogar Pastoren zu finden.
Die Idee des Ein- und Verkaufsvereins hatte sich verwirklicht und funktionierte für alle Beteiligten. Hauptsächlich war es der Getreidehandel, der den beträchtlichen Umsatz ausmachte. So war es denn auch nicht verwunderlich, dass bei einer Aufstellung von Grundstücken und „sonstigen Werten" im Jahre 1926 zu lesen war: „1 eisernes Motorschiff, 3 Lastkraftwagen mit 4 Anhängern, 5 Personenautos, 3 Motorräder und 48 000 Betriebssäcke!"

Pommersche Reichspost, 25 Jahre Treptow-Demminer landw. Ein- und Verkaufsverein, 1927

Der große Silospeicher des Treptow-Demminer Ein- und Verkaufsvereins wurde 1924/25 erbaut. Foto: Karl Trettin, 1930

DER „CONVOYE" NACH ROSTOCK

Nach einer Erzählung von Pastor Karl Stolle, 1772

Am 8. Oktober 1638 kamen die Schweden mit 1200 Mann zu Fuß und 200 zu Pferde unter dem Kommando des Generalmajors Axel Lillje vor die Hansestadt Demmin. Die Haupteinheiten mit den schweren Geschützen wurden auf dem Nonnenberg und den Galgenberg gelegt. Acht Tage dauerte die Beschießung der zur Festung ausgebauten Stadt. Dann ließ Lillje die Attacke abbrechen. Zum Sturm hatte er zu wenig Soldaten, zu stark war die Verteidigung der Kaiserlichen. Er zog sich nach Loitz zurück, ohne jedoch die Belagerung aufzugeben. Die wichtigsten Wege in die Stadt blieben von den Schweden besetzt.

Zu Anfang des neuen Jahres wurden in der Stadt die Lebensmittel knapp. Das wenige, was die Soldaten und Einwohner bekamen, reichte bei weitem nicht aus. So entschloss man sich bei Nacht zu einem „Ausfall" mit 200 kaiserlichen Musketieren und 300 Reitern. Stolle schreibt dazu: „Zwar versuchten die Brandenburger zu unterschiedlichen malen in die belagerte Stadt Lebensmittel und Proviant hinein zu bringen, wurden jedoch immer wieder zurückgeschlagen. Aus Rostock wurde auch etwas weniges heimlich hinein geschafft, aber dieses alles reichte für die Besatzung und Einwohner nicht zu. Daher entschlossen sie sich, mehr Lebensmittel und Bedürfnisse unter einer starken Bedeckung aus Rostock zu holen. Sie schickten 200 kaiserliche Musketiers und 300 Reiter, unter der Anführung des Obrist Lieutenants Goldacker, nach Rostock."

Der Ausfall geschah durch das nach Süden gelegene Kahldentor und führte an Stuterhof vorbei, über Drönnewitz und Beestland nach Rostock. Diesem Zug hatten sich auch einige Demminer angeschlossen. Natürlich blieb der Ausfall bei den Belagerern nicht unbemerkt: „Es erfuhr aber solches an der anderen Seite der Trebel (bei Wotenick) liegende Schwedische Generalmajor Axel Lillje und wollte ihnen diesen Zufluchtsort nach Rostock benehmen. Er setzte demnach den 6. Martii (März) mit 700 Mann zu Fuß etwa bey dem Dorfe Drönnewitz über die Trebel, den nach Rostock Ausgegangenen den Paß bey ihrer Wiederkunft zu verlegen. Zu solchem Zwecke ließ er den Weg nach Rostock aufgraben, ein und andere Redouten (trapezförmiges Festungswerk) aufwerfen und mit Volk besetzen. Eigentlich war es eine ganze Couple von Redouten und Rondellen, die mit Gräben an einander gehänget, und von Deven bis Drönnewitz gingen."

Stolle berichtet von Vermessungskarten, die er im Rathausarchiv gefunden habe, auf denen noch die Gräben eingezeichnet waren. Als Stolle ungefähr 100 Jahre später die Demminer Chronik schrieb, sollen noch einige Reste vorhanden gewesen sein. Alles andere war jedoch „nach und nach verfüllt und wieder beackert worden".

Von diesen Redouten und Gräben erfuhren auch die Ausgezogenen und es war klar, dass sie nicht mehr wie geplant durch das Kahldentor in die Stadt kommen konnten. Sie machten daher mit ihren Lebensmitteln einen weiten Umweg durch Mecklenburg, um dann durch das Kuhtor (Luisentor) in die Stadt zu gelangen. Der Convoy hatte sich bis dahin auf 1000 Mann vergrößert. In der Zwischenzeit gelang es den Schweden einen Demminer aus diesem Zug zu ergreifen. Sie zwangen ihn mit einem Trommelschläger vor das Kahldentor. Die Demminer erkannten ihren Bürger und fragten ihn wie es um die Lebensmittel und die Unterstützung bestellt sei? Darauf gab er zur Antwort: „Sie sähen es ja an ihm! Der Convoye wäre geschlagen, und die Bürger, so dabey gewesen, gefangen genommen worden!"

Die kaiserliche Besatzung und auch die Einwohner glaubten ihm, und damit ging die List der Schweden auf. „Weil nun die Besatzung unlustig über den so lange erduldeten Mangel war, auch sonst wenig mehr von den Bürgern zu erpressen war, gab der Commandant Miniato Miniati auf, und zog am 11. Martii gegen Abend mit fast 1000 Mann ab."

War es nun Ironie oder Schicksal, vier Stunden nach dem Abzug der Kaiserlichen durch das Kahldentor traf der Proviantzug in Vorwerk ein. Von da aus wurden sogleich zwei Kundschafter in die Stadt geschickt. „Weil aber dieselben gefänglich zurück behalten wurden, und nicht wiederkamen, zudem auch auf das verabredete Feuerzeichen aus der Stadt nicht geantwortet wurde; so merkten sie Unrath, und kehrten wieder um." Dies traf hauptsächlich auf das kaiserliche Militär zu. Denn, wie auch die Geschichtsbücher weiter berichten, taten sie das wohl ziemlich eilig. Dies waren die letzten kaiserlichen Truppen die Pommern verließen, und das Land und damit auch Demmin wurden Schwedisch.

Karl Stolle, Beschreibung und Geschichte der Hansestadt Demmin, 1772

Die Zeichnung des Musketiers stammt vom Demminer Künstler Karl Rumpel. Anlässlich der Feierlichkeiten zur 700-Jahrfeier der Stadt Demmin 1936 erschien im „Demminer Tageblatt" eine Sonderbeilage. Die „Festnummer", die im zweifarben Druck hergestellt wurde, zierte diese Zeichnung mit der Silhouette der Hansestadt im Hintergrund. *(Siehe Seite 30)*

HISTORISCHE ANSICHTEN

An einem sonnigen Wintertag 1932 gelangten Karl Trettin einige sehr stimmungsvolle Aufnahmen rund um den Wilhelmplatz.

Bild unten:
In der Schützenstraße befindet sich dieses stattliche Gebäude, welches zur Zeit der Aufnahme dem Reichsmilitärfiskus gehörte. 1845 als Arbeits-, Kranken- und Armenhaus errichtet, zog hier 1860 das 2. Pommersche Ulanenregiment Nr. 9 ein und bewohnte es bis zu seiner Auflösung nach dem Ersten Weltkrieg.

Bild rechts oben:
1906 fand die feierliche Einweihung des Denkmals für Kaiser Wilhelm I. statt. 1948 entstand auf dem Areal des Kaiserdenkmals das vielen noch bekannte russische Ehrenmal. Nach Abtragung des Sowjetoblisken und der Umgestaltung des Barlachplatzes entstand die heutige Anlage, die von Günzher Kaden gestaltet wurde.

Bild rechts unten:
Blick in die Schützenstraße (vom Bahnübergang Richtung Innenstadt).

Feierliche Schlüsselübergabe vor dem Rathaus und Festzug am Postgebäude.

Mit einer Festwoche im Juni/Juli 1936 gestaltete Demmin seine 700-Jahrfeier. Dem damaligen Zeitgeist entsprechend waren die Veranstaltungen dem nationalsozialistischen Gedankengut unterworfen und hatten dadurch kaum Raum für eine freie Darstellung der Demminer Geschichte.
Am Vormittag des 28. Juni fand auf dem Marktplatz vor dem Rathaus der offizielle Festakt statt. Am Nachmittag begann der große Festumzug durch die Stadt bis hinaus ins Devener Holz. Dabei zeigte man die Geschichte der Hansestadt in lebenden Bildern, deren Reihenfolge im Demminer Tageblatt vorab veröffentlicht wurde.

Der Festakt auf dem Markt.

Ganz Demmin war an diesem Wochenende auf den Beinen.

Zur Einweihung des Skagerak-Steins am 26. Juni 1936 war ein Flottenkommando der Marine im Demminer Hafen zu Gast.

rad-Handlung
und
ratur-Werkstatt
o Krüger.
maschinen
Automobil-
Garage
Benzin
Motor-Oel
Pneumatic
Kinderwagen
zur Reichspost
STELLIN
STATION
Otto Krüger
DAPOLIN
STATION
Otto Krüger

DER ZUG STÜRZTE UM HALB NEUN IN DIE PEENE

Der Rechtsstreit um das Unglück an Demmins Eisenbahnbrücke

Wie ein Lauffeuer verbreitete sich am 15. Mai 1900 eine Nachricht in der Stadt, die schreckliches ahnen ließ: „Die Eisenbahnbrücke ist mit dem Einhalbneunuhrzug in die Peene gestürzt". Eigentlich unvorstellbar, man konnte es gar nicht so recht glauben, dennoch entsprach die Meldung den Tatsachen.

Seit einigen Tagen war die Aktiengesellschaft Eisenwerk Lauchhammer aus Riesa mit dem Umbau der Eisenbahnbrücke über die Peene beschäftigt. Es sollte geprüft werden, ob die Drehbrücke den gestiegenen Anforderungen des Eisenbahnverkehrs entsprach. Dabei war zu beachten, dass einmal das Öffnen der Brücke für die Schifffahrt reibungslos geschehen musste und die höhere Geschwindigkeit der „modernen Reisezüge" Beachtung fand. So war es wohl geschehen, dass bei Arbeiten an der Bogenbrücke, um diese zu verstärken, die Bolzen von einigen Trägern zu sehr gelockert wurden. Unter der Last des aus Stralsund kommenden Personenzuges bogen sich die Träger zusammen und die Brücke senkte sich vom Mittelpfeiler mit der Lokomotive in die Peene. Der Lokomotivführer geriet unter das Regendach der Maschine und wurde erst durch den Strudel des Wassers an die Oberfläche gehoben. Der Heizer geriet unter die Kohlen des Tenders und konnte erst im letzten Augenblick durch den Lokführer befreit werden. Tragisch war der Tod des leitenden Monteurs Dieffenbach aus Berlin sowie des Arbeiters Unger aus Demmin, die unter den Brückenteilen begraben wurden und erst nach einigen Tagen aus der Peene geborgen werden konnten.

15. Mai 1900: Die Brücke über die Peene senkte sich unter der Last des „Einhalbneunuhrzuges"
Foto: Kreisheimatmuseum Demmin

Die Bogenbrücke wurde mit wesentlich verstärkten Profileisen neu errichtet. Ansichtskarte aus dem Jahre 1910.

Über ein halbes Jahr fuhren die Züge nur über eine hölzerne Notbrücke, die von den Soldaten des Eisenbahnregiments aus Schönberg bei Berlin errichtet wurde. Noch im Jahr 1900 baute das Eisenwerk Lauchhammer eine neue Bogenbrücke ein und übergab sie Ende des Jahres an die Staatsbahn.

Die Öffentlichkeit vergaß dieses Unglück schnell, den daran Beteiligten blieb es noch lange gegenwärtig. Über viele Jahre zog sich ein Rechtsstreit zwischen Bahn, Post und Brückenbaufirma hin, der erst am 6. Juni 1912 durch das Reichsgericht als letzte Instanz sein Ende fand. Dabei ging es um die Ersatzpflicht der Bauunternehmerin, d.h. der Aktiengesellschaft Eisenwerk Lauchhammer. „Wer einen anderen zu einer Verrichtung bestellt, ist nach § 831 Bürgerliches Gesetzbuch zum Ersatze des Schadens verpflichtet, den der andere in Ausführung der Verrichtung einem Dritten zufügt. Von dieser Haftpflicht kann sich der Geschäftsführer durch den Nachweis befreien, dass er bei der Auswahl der bestellten Person, die im Verkehr erforderliche Sorgfalt beachtet hat. Er kann sich aber auf die Befreiungsvorschrift nicht berufen, wenn es sich um Arbeiten handelt, denen der von ihm bestellte Gehilfe nicht gewachsen war, mag dieser auch in seinem eigentlichen Berufe ein durchaus tüchtiger und zuverlässiger Mann sein."

So entschied das Reichsgericht mit der Bestätigung eines Urteils des Oberlandesgerichts Stettin zum Absturz des Eisenbahnzuges an Demmins Brücke über die Peene. „Man kann die Leitung von Bauarbeiten an einer Eisenbahnbrücke nicht einem Monteur übertragen, sondern muss hier mit Rücksicht auf die große Gefahr , die für den Eisenbahnverkehr entstehen kann, die Oberaufsicht einem technisch gebildeten Ingenieur übertragen. In der Unterlassung der Bestellung eines solchen ist ein dem Unternehmer schadenersatzpflichtig machende Verschulden gefunden worden."

Postschaffner B. aus Hamburg, der am 15. Mai den Postzug begleitete, verletzte sich beim Sturz in den Fluss so sehr, dass er pensioniert werden musste. Seinen nicht durch die Pension gedeckten Schaden klagte dieser gegen die Aktiengesellschaft Eisenwerk Lauchhammer ein. Er gewann diesen Prozess in allen Instanzen. Jetzt verlangte der Reichspostfiskus von der Aktiengesellschaft Lauchhammer Ersatz für die von ihm aufgewendeten Beträge, die er an B. gezahlt habe. Landgericht und Oberlandesgericht Dresden verurteilten die Aktiengesellschaft zur Zahlung. In der Entscheidungsbegründung hieß es: „Der Einsturz der Brücke ist auf die Unvorsichtigkeit des mit der Leitung des Umbaus von der Beklagten betrauten Monteurs D. zurückzuführen. Dieser hat entgegen der erteilten Anweisung den fälligen Zug über die Brücke gehen lassen, bevor er die in dem oberen Bogen entfernten Nieten durch Bolzen hat ersetzen lassen."

Das Oberlandesgericht sprach dann noch eine Empfehlung ihres bestellten Sachverständigen aus: „Man halte es für unbedingt erforderlich, die Ausführung von Arbeiten, die mit einer so besonders großen Verantwortung verbunden waren, nur unter Zuziehung eines wissenschaftlich gebildeten Ingenieurs vornehmen zu lassen. Der Entlastungsbeweis bezüglich der Auswahl des Monteurs kann deshalb nicht in Betracht kommen. Es liegt ein eigenes Verschulden der gesetzlichen Vertreter der Beklagten darin, dass sie trotz der Gefahr, die ihnen erkennbar sein musste, die Leitung der Arbeiten nicht einem ständig kontrollierenden Ingenieur übertragen haben." Ebenso wurde die Bahn in diesem Punkt entlastet: „Dass die Eisenbahnverwaltung sich mit der Stellung des Monteurs einverstanden erklärte und nicht die Beaufsichtigung durch einen Ingenieur verlangte, kann der Beklagten nicht zur Entschuldigung gereichen." Die Aktiengesellschaft Eisenwerk Lauchhammer scheiterte mit ihrem Revisionsantrag und war der eigentliche Verlierer letztendlich mehrerer Prozesse im Zusammenhang mit dem Einsturz der Demminer Eisenbahnbrücke. Die Justiz hat ihr Urteil gesprochen und vielleicht war es eines der ersten Grundsatzurteile auf diesem Gebiet.

Aktenzeichen 6. 517-11. – Urteil vom 6. Juni 1912

Nach einem Bericht aus dem „Demminer Tageblatt" vom 8. Juni 1912

Mit nur einem Segment überspannt heute die Brücke den Peenefluss bei Demmin. Am 26. April 1973 wurde sie der Deutschen Reichsbahn übergeben. Foto: G. Rosenfeld

DIE BURG DER POMMERNHERZÖGE

„Das ausgezeichnete, vornehme und starke Haus Demmin"

Innerhalb des Stadtkerns von Demmin fallen auf alten Plänen die Namen zweier benachbarter Straßen auf – die Burgstraße und die Schlosstrasse. Bei ersterer geht man davon aus, dass einst innerhalb der Mauern des Ortes eine gesonderte Burg bestanden habe – eine Zwingburg, die einen Teil der Stadtbefestigung mit benutzte. Am Ende der parallel zur Burgstraße liegenden Schlosstrasse befand sich innerhalb der Stadtmauer ein Tor. Von diesem ging ein 500 Meter langer gepflasterter Damm über die morastigen Wiesen in das mittelalterliche „Hus Demmin".

„Insignet et nobile castrum Dimin" – eine ausgezeichnete und berühmte Feste, so nannte schon Friedrich Barbarossa 1170 die der Stadt Demmin vorgelagerte Burg. Die Geschichte dieser Burg hat eine Vorgeschichte und diese wiederum geht zurück bis in die Zeit der Slawen. Sie spielte eine wichtige Rolle, als in dieser Gegend die südlichen Stämme der Redarier und Tollenser die Burg Demmin als Stützpunkt gegen die beiden nördlichen Stämme, die Kessiner und Circipaner, nahmen. Andere Mächte versuchten immer wieder hier Fuß zu fassen, so der Sachsenherzog, der Dänenkönig und der Pommernherzog Wartislaw I., der über die Oder bis an die Peene vordrang. Allen ging es dabei nur um eines – die Vormachtstellung in diesem Teil des Landes. Daher gab es entlang der Tollense mehrere slawische Burgen, so in Klem-

So in etwa könnte sie einmal ausgesehen haben – die Burg der Pommernherzöge; Zeichnung: Hagen Pompe

penow, Broock und Osten. Sie sollten die Pässe über den Tollensefluss sichern und die zunehmenden Handelswege überwachen. Eine dieser Anlagen lag zirka zwei Kilometer von Demmin entfernt, ebenfalls an der Tollense, und wurde die alte Burg (vetus castellum) genannt. Obwohl zu ihrer Befestigung nur Erde und Wasser, Holzwerk und Wallhecken gedient hatten, war sie den Angriffsmitteln jener Zeit gegenüber, wie die Chronisten sagen, eine ausgezeichnete, vornehme und starke Burg. Es war Otto von Bamberg, der hier im Jahre 1128 auf seiner zweiten Pommernmission das Nachtlager aufschlug.

Diese Burg wurde noch in slawischer Zeit aufgegeben und an anderer Stelle, näher an Demmin heran, wieder neu errichtet. Hier am Zusammenfluss von Peene und Tollense, auf einer völlig isolierten, aber natürlichen Erhebung, entstand die „Nyenborg" (Neue Burg). Gleichzeitig wurden an dieser Stelle die Tollense und die Peene überbrückt und damit die wichtigen Handelsstraßen nach Hamburg und Magdeburg durch die Neue Burg, dem späteren Haus Demmin, geleitet. Von da aus ging es über den gepflasterten Damm direkt in die Stadt Demmin.

Die Stadt besaß nun eine der bedeutendsten Burgen des Landes, die im 12. und 13. Jahrhundert bis zum Tode Herzog Wartislaw III. (1264) ein bevorzugter herzoglicher Aufenthaltsort war. Schon Kasimir I. (1159 -1181) unterzeichnete 1171 als Zeuge eine Urkunde mit dem Namenszug „Kazemarus de Dimin". Sehr wahrscheinlich jedoch hatten Kasimir I. als auch sein Nachfolger Kasimir II. (1187–1219) ihren Hauptwohnsitz auf der landesherrlichen Burg innerhalb der Stadt. Wegen der Bedeutung des Ortes und der herzoglichen Burg war Haus Demmin immer wieder Ziel feindlicher Feldzüge. Im so genannten Wendenkreuzzug des Jahres 1164 ließ Heinrich der Löwe nach seinem Sieg über die Pommern und Obodriten bei Verchen die Burg dem Erdboden gleichmachen. Wieder aufgebaut widerstand sie 1177 einer sechswöchigen Belagerung Heinrichs des Löwen.

Baugeschichtlich bedeutend wird aber erst der erneute Aufbau der Anlage durch die Dänen im Jahre 1211. In dieser Zeit entstand der noch heute als Ruine

Ausschnitt aus der schwedischen Matrikelkarte von Vorwerk aus dem Jahr 1698; Quelle: Landesarchiv Greifswald

erhaltene mittelalterliche Wehrturm. Die angewandte Bauform - quadratisch im unteren Teil, rund im Oberen - stellte damals die modernste Form der Verteidigung dar. Nach Ablösung der slawischen Kastellaneiverfassung und Einführung des deutschrechtlichen Vogteisystems (um 1236) war die Herzogsburg Haus Demmin eine deutsche Burg, ausgestattet (nach Stolle) mit mehreren Torhäusern, Marstall, Wohngebäude mit Tanzsaal, Brauhaus, Hofstall, Scheune, Kornhaus sowie einem Kraut-Garten und „gutem Kohlgarten".

Herzog Wartislaw III. von Demmin starb am 17. Mai 1264, ohne einen Erben zu hinterlassen. Damit fiel sein Land an Barnim I., Herzog von Stettin, und Haus Demmin wurde als Herzogsresidenz aufgegeben. Vom 13. bis zum Ende des 15. Jahrhunderts ließen sich die pommerschen Herzöge von Vögten auf Haus Demmin vertreten. Galt es doch immer noch, Zölle einzunehmen und Besitzrechte wahrzunehmen. Händler transportierten vor allem Getreide, Fleisch, Speck, Butter, aber auch Bier und Fisch. Es soll damals übrigens unterschiedliche Zolltarife für einheimische (pommersche) und ausländische (mecklenburgische) Händler gegeben haben. Dann, im Jahre 1495 erwarb Adam Podewils von Herzog Bogislaw X. für 733 rheinische Gulden Haus Demmin mit dem dazugehörigen Besitz. Ausgebaut zu einem ansehnlichen Adelssitz, bestand die Burg bis 1648, dem Ende des Dreißigjährigen Krieges.Oberst von Mardefeld, damals schwedischer Stadt-

2009 wurden an der Burgruine von Haus Demmin umfangreiche Sicherungsmaßnahmen durchgeführt.

kommandant in Demmin, befahl die restlichen Festungswerke zu „schleifen“ und den hohen Turm zu „minieren“, das heißt zu sprengen. Er beauftragte damit Erik Jönsson, einen jungen Fortifikationsingenieur, der den Turm mit elf Tonnen Schießpulver in die Luft jagte. Damit verschwand ein Zeugnis alter Baukunst und vor allem uralter Geschichte. Hatte Haus Demmin, die alte Burg der Pommernherzöge, doch schon Rang und Namen, als es Demmin als Stadt noch gar nicht gab.

Karl Stolle, Beschreibung und Geschichte der Hansestadt Demmin, 1772, 4. Beiblatt zum „Demminer Tageblatt“, 27. Juni 1936
Wilhelm Böhmer, Thomas Kantzow's Chronik von Pommern, 1835

Zeichnungen rechts:
Die angewandte Bauform des Turmes – quadratisch im unteren Teil, rund im Oberen – stellte damals die modernste Form der Verteidigung dar.

Mit elf Tonnen Sprengstoff zerstörte 1648 der schwedische Sprengmeister Erik Jönsson den Rundturm von Haus Demmin. Zwei Veduten zeigen den Turm vor und nach der Sprengung. Kupferstich der Stadtansicht von Demmin aus Merians Topographie von Brandenburg und Pommern, 1652

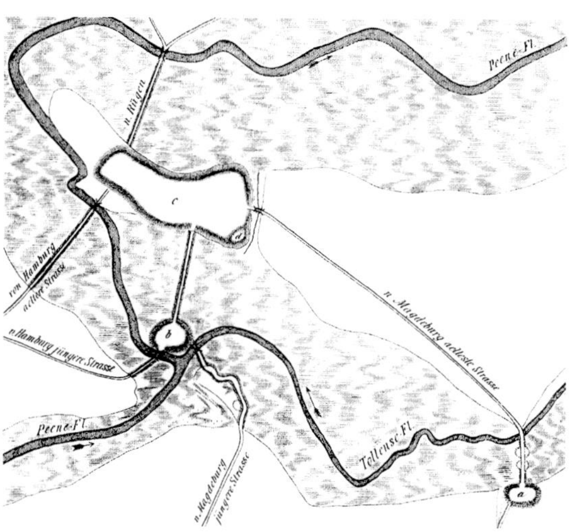

Befestigungen und Straßen zwischen 1000 und 1200 n. Chr. Zeichnung von Boenigk, Stettin 1910
a) Vestus castellum
b) Nyenborg
c) Stadt Demmin
d) Landesherrliche Burg in der Stadt Demmin

Der Rundturm von Haus Demmin auf einer Aufnahme von 1932.

ALS BÜCHER NOCH SELTEN WAREN

Aus der Geschichte des Demminer Schulwesens

Wenn auch genaue Angaben darüber fehlen, so hat man wohl in Demmin, bald nachdem das Stadtrecht erworben war, eine Schule errichtet. Überliefert jedoch ist, dass Domherr Adam von Bremen schon zu Ausgang des 11. Jahrhunderts von der „berühmten Schule der Wenden" in Demmin sprach, sie sogar als eine „Akademie der nordischen Völker" bezeichnete.

Die erste urkundlich gesicherte Nachricht geht zurück in das Jahr 1301. Da dankte der Pommernherzog Wartislaw IV. der Stadt dafür, dass sie seinen Wunsch erfüllt und seinen Hofprediger Johannes Wynandus zum Rektor ihrer Schule bestellt hatte. Aus Dankbarkeit schenkte der Herzog der Stadt so bedeutende Privilegien wie das Patronat über die Schule und das Recht, ihre Mühlen zu befestigen und neue anzulegen. Dieses wird einige Jahre später (1316) von des Herzogs Nachfolger noch einmal bestätigt und zeigt damit den Stellenwert dieser für damalige Begriffe recht bedeutenden Schule. Auch in anderen Hansestädten findet man verhältnismäßig früh lateinische Schulen, so 1250 in Hannover, 1262 in Lübeck und 1269 in Wismar. Die Bedürfnisse des Kaufmannsstandes und der Wohlstand des Bürgertums verlangten schon früh nach höherer Bildung.

Die Erfordernisse von Handel und Verkehr machten in der Hansestadt Demmin neben der „Lateinschule" bald die Errichtung einer „deutschen Schreibschule" notwendig.

1896 wurde die Stadtknabenschule in der Frauenstraße 13 feierlich eröffnet.
Handkolorierte Ansichtskarte des Verlages Reinicke & Rubin Magdeburg, 1904

Da das Patronat der Schulen dem Magistrat der Stadt übertragen wurde, handelte es sich also nicht um Kirchen- oder Klosterschulen, wie sie in der damaligen Zeit üblich waren. Die Unterrichtssprache an den so genannten Lateinschulen war bis ins 15. Jahrhundert hinein Latein gewesen und dann Deutsch. Bücher waren sehr selten und kostspielig. Jedoch scheint der Wissensdurst in den folgenden Jahrhunderten nicht allzu groß gewesen zu sein. Im Jahre 1546, so wird in den Kämmereiregistern der Stadt berichtet, gab es einen einzigen Schulmeister, der neben dem Schulgeld der Kinder und freier Wohnung im Schulhause nur 24 sundische Mark als Gehalt bezog. Davon musste er noch die Schulgesellen, falls er sie zu seiner Unterstützung brauchte, selbst „anwerben und besolden". Es verwundert also nicht, dass Schulmeister fast immer nur kurze Zeit an der Schule tätig waren, um danach meistens eine besser bezahlte Pfarrstelle zu übernehmen.

1596 wird zum ersten Mal ein „deutscher Schulmeister" im Kämmereiregister genannt. Die Stadt hatte demnach eine lateinische und eine deutsche Schule. Sechs Jahre später fand der Unterricht auch für Mädchen statt. Unterrichtsfächer waren Latein, Lesen, Schreiben, Religion und Gesang. Die vier bestehenden Klassen wurden von einem Rektor und drei Schulgesellen unterrichtet. Letztere waren ein Korrektor, ein Kantor und ein Schreib- und Rechenmeister für die Kleinen.

Ein jähes Ende in der Entwicklung des Schulwesens brachte der Dreißigjährige Krieg (1618-48). Die verarmte Stadt konnte danach die Mittel für den Bestand der Schulen nicht mehr aufbringen, und 1675 mussten sogar in der Bürgerschaft 40 Gulden gesammelt werden „zu der Herren Schulkollegen Speisegelder". 1773 bestanden neben der „großen lateinischen Schule" mit drei Klassen und der „kleinen Schule" mit zwei Klassen auch noch zahlreiche „Klippschulen" (Anfängerschulen).

Das erste Schulgebäude stand bis 1736 in der Schulstraße und danach wurde ein neues Gebäude an der Stelle des jetzigen Feuerwehrhauses errichtet. Diese bis 1895 benutzte Schule hatte oft über 100 Kinder in einer Klasse. Daher wurde für die „kleine Schule" 1768 ein neues Haus

In die roten Klinker der Schule eingelassene Reliefs im Zeitgeschmack des damaligen gesellschaftlichen Leitbildes der Erziehung.

in der Kahldenstraße erbaut. Um 1800 gab es in Demmin neben der Knabenschule, Töchterschule und Kinderschule noch eine Mittelschule, eine Einrichtung, die zwischen der höheren Bürgerschule und der Kinderschule stand. Diese war nicht nur Vorbereitungsklasse der späteren Lateinschüler, sondern vor allem für die, „welche sich dem Beruf eines gemeinen Handwerkers oder Tagelöhners widmen wollten". Seit dem 1. Januar 1844 hatte Demmin eine „höhere Stadtschule" mit elf Klassen, eine „allgemeine Stadtschule" mit neun Klassen und eine „Nebenschule" mit vier Klassen. Außerdem gab es eine Zeit lang eine Taubstummenklasse. Alle diese Schulen übernahm ein Jahr später als Leiter Rektor Julius Schmeckebier, der 1857 die höhere Stadtschule in ein Progymnasium umwandelte und Direktor derselben wurde.

Das alte Schulgebäude am Klinkenberg entsprach längst nicht mehr den Anforderungen der damaligen Zeit. Enge und überfüllte Klassenräume förderten ansteckende Krankheiten der Kinder. Die Stadt Demmin beschloss den Bau eines neuen Schulhauses für die Knaben. Dafür erwarb die Stadt für 36 000 Mark ein Grundstück an der Ecke Frauen- und Oberwallstraße, auf dem einst der Pingelsche Gasthof stand. Der Schulneubau wurde öffentlich ausgeschrieben und von den zahlreich eingegangenen Entwürfen entschied man sich für den des Regierungsbaumeisters Schilling aus Berlin. In zweieinhalb Jahren entstand in der Frauenstraße 18 ein repräsentativer Bau aus roten Klinkern. Die Gesamtkosten betrugen 250 000 Mark und konnten ganz aus Sparkassenüberschüssen bezahlt werden. Die auf dem Dachboden

Ein Gruß aus Demmin mit Alter und Neuer Knabenschule von 1903.

hängende Richtkrone aus Eichenlaub zeugt noch heute vom Fleiß aller daran beteiligten Handwerker.

Am 3. Januar 1896 um 9.30 Uhr versammelten sich im alten Schulhause am Klinkenberg sämtliche Knaben mit ihren Lehrern. Unter der Leitung des rastlosen Initiators Rektor Karl Goetze zog man in den neuen Backsteinbau der Stadtknabenschule ein. In der festlich geschmückten Aula hatten sich die städtischen Behörden und geladene Gäste zur feierlichen Einweihung versammelt. Mit Hochrufen auf Kaiser und Vaterland wurde der Schulbetrieb offiziell eröffnet. Auch die Demminer Bevölkerung nahm regen Anteil an diesem Neubau und gab ihm gleich einen unverwechselbaren Namen - Rote Schule.

Die Höhere Schule in Demmin und ihre Lehrer, Festschrift zum Schul-Jubiläum, Ostern 1957

13. Beiblatt zum „Demminer Tageblatt", 31. Dezember 1931

Das Gymnasium der Hansestadt auf einer Ansichtskarte aus dem Jahre 1910

Hier in dem großen Gebäude an der Ecke von Holsten- und Menzerstraße befanden sich die ersten Räume der Landwirtschaftsschule Demmin.

AUS BAYERN, ESTLAND, GUATEMALA

Aus der Geschichte der Landwirtschaftsschule Demmin

Gegen Ende des 19. Jahrhunderts, in dem Wissenschaft und Technik einen bedeutenden Aufschwung erlebten, ging man auch in der Landwirtschaft neue, vor allem intensivere Wege. Viele neue Erkenntnisse brachten Wissenschaft und Forschung, die nun in der Landwirtschaft umgesetzt werden mussten. Es ging darum eine geeignete Form der Verbreitung dieses Wissens für Bauer und Landwirtschaft zu finden. So entstanden als Schulart für die Praxis zuerst die Ackerbauschulen, die in zweijährigen, zusammenhängenden Lehrgängen praktische Fertigkeiten, wie auch theoretisches Wissen übermittelten. Später richtete man in Süddeutschland und in der Schweiz landwirtschaftliche Winterlehrgänge ein, die sich schnell verbreiteten und allgemein als landwirtschaftliche Winterschulen bezeichnet wurden.

Zusammen mit dem bäuerlichen Zentralverein und dem baltischen Zentralverein gründeten die Landwirte des Kreises Demmin, Frh. von Maltzahn, Roidin, und Frh. von Maltzahn, Gültz, die erste landwirtschaftliche Winterschule Pommerns im Jahre 1887 in Demmin. Der preußische Staat erteilte seine Genehmigung und die Provinz sagte ihre Unterstützung zu. Die Schule wurde im zweiten Stockwerk des großen Hauses Markt 21, an der Ecke Holstenstraße, untergebracht. Erster Leiter wurde der Landwirtschaftslehrer E. Otto. Ihm zur Seite standen Lehrkräfte aus der Stadt und dem Kreis Demmin,

1910 zog die Winterschule in das alte Patrizierhaus Frauenstraße 2 um.

die alle nebenamtlich an der Schule lehrten. Dazu gehörten unter anderem der Rektor der Knabenschule Karl Goetze, Konrektor Dombrowsky, Hauptlehrer Böttcher, Konrektor Kunkel, Lehrer Pusch, Zeichenlehrer Wehling, Handelsgärtner Weickelt, Rossarzt Richter, Assessor Welch und Ingenieur Petrach.

Gedruckt bei Wilhelm Gesellius – die Festschrift zur 50-Jahrfeier der Landwirtschaftsschule Demmin.

Schon am I. Semester 1887/88 nahmen 18 Schüler aus den Kreisen Demmin, Grimmen, Anklam, Rügen und Franzburg teil. Später kamen die Schüler aus Brandenburg, Schlesien, Westpreußen und Polen, ja sogar aus Sachsen, Bayern, Livland, Estland und Guatemala.

Bis zum Jahre 1892 war Demmin die einzige Schule Pommerns. Durch die große Nachfrage entstanden 1893 die Winterschule Köslin, 1897 Stargard und 1899 Treptow a. Rega. 1897 betreute die neu gegründete Landwirtschaftskammer die Trägerschaft über die Schule. Drei Jahre zuvor übernahm der Landwirtschaftslehrer Hoyer die Leitung der Einrichtung, bis er 1910 in den Ruhestand trat. Er hinterließ der Schule eine über viele Jahre angelegte, umfangreiche Steinsammlung. Dessen Nachfolger wurde Cäsar Schmidt, ebenfalls Landwirtschaftslehrer, der bereits vorher an mehreren Schulen Pommerns tätig war. Auf seinen Vorschlag hin kaufte die Landwirtschaftskammer das alte Patrizierhaus Frauenstraße 2 und richtete dort 1910 die Schule ein. In den nächsten Jahren besuchten ca. 60 Schüler über die Wintermonate diese Einrichtung – soviel wie noch nie zuvor. Für den Kreis Demmin wurde 1923 in der Schule eine Kreistierzuchtinspektion eingerichtet deren Leitung Tierzuchtinspektor Wunderlich übernahm.

Das Jahr 1933 brachte der Landwirtschaftsschule Demmin eine Anzahl von Veränderungen, die natürlich dem Charakter der damaligen Zeit entsprachen. Die Landwirtschaftskammer wurde aufgelöst und die Demminer Schule dem Reichsnährstand, Landesbauernstand Pommern unterstellt. Es wurde ein zentraler Lehrplan für alle Landwirtschaftsschulen erlassen und eine enge Zusammenarbeit mit den neu geschaffenen Kreis- Bezirks- und Ortsbauernschaften angestrebt. Die Lehrerin Marie-Luise Friedrichs führte schon im Jahre 1932 zwei Lehrgänge für die hauswirtschaftliche Schulung der Landmädchen durch. Im Winterhalbjahr 1933/34 fand der erste Lehrgang der Mädchenabteilung mit 25 Schülerinnen, zunächst noch in den Kellerräumen des Kulturamtes, statt. Kurz danach mietete man von der Demminer Bank eine geräumige Wohnung in der Luisenstr. 28. Die neuen Räume wurden mit bäuerlichem Hausrat eingerichtet und unter der Leitung von Marie-Luise v. Mertens begann im Winter 1934/35 der zweite Lehrgang. In den fünf Monate lang dauernden Unterricht brachte man den Schülerinnen, die vor allem aus den neuen Siedlungen und bäuerlichen Betrieben kamen, Grundlagen für eine Arbeit als zukünftige Bäuerin bei. Hausarbeit, Kochen und Handarbeit gehörten ebenso dazu wie der Unterricht in der Geflügelhaltung und im Gartenbau. Fast schon schmunzeln können wir heute über sogenannte Einmache- und Webelehrgänge die für die Schülerinnen im Sommer durchgeführt wurden. In einer Festschrift der Schule, anlässlich ihres 50 jährigen Bestehens im Jahre 1937, war zu lesen: „Der zukünftigen Bäuerin ihre Arbeit durch Ausbildung und Beratung zu erleichtern, ist das Bestreben der Mädchenabteilung der Landwirtschaftsschule Demmin".

Festschrift zur 50-Jahrfeier der Landwirtschaftsschule Demmin, 1937

Abschlussfoto Semester 1928/29 der Landwirtschaftsschule Demmin.

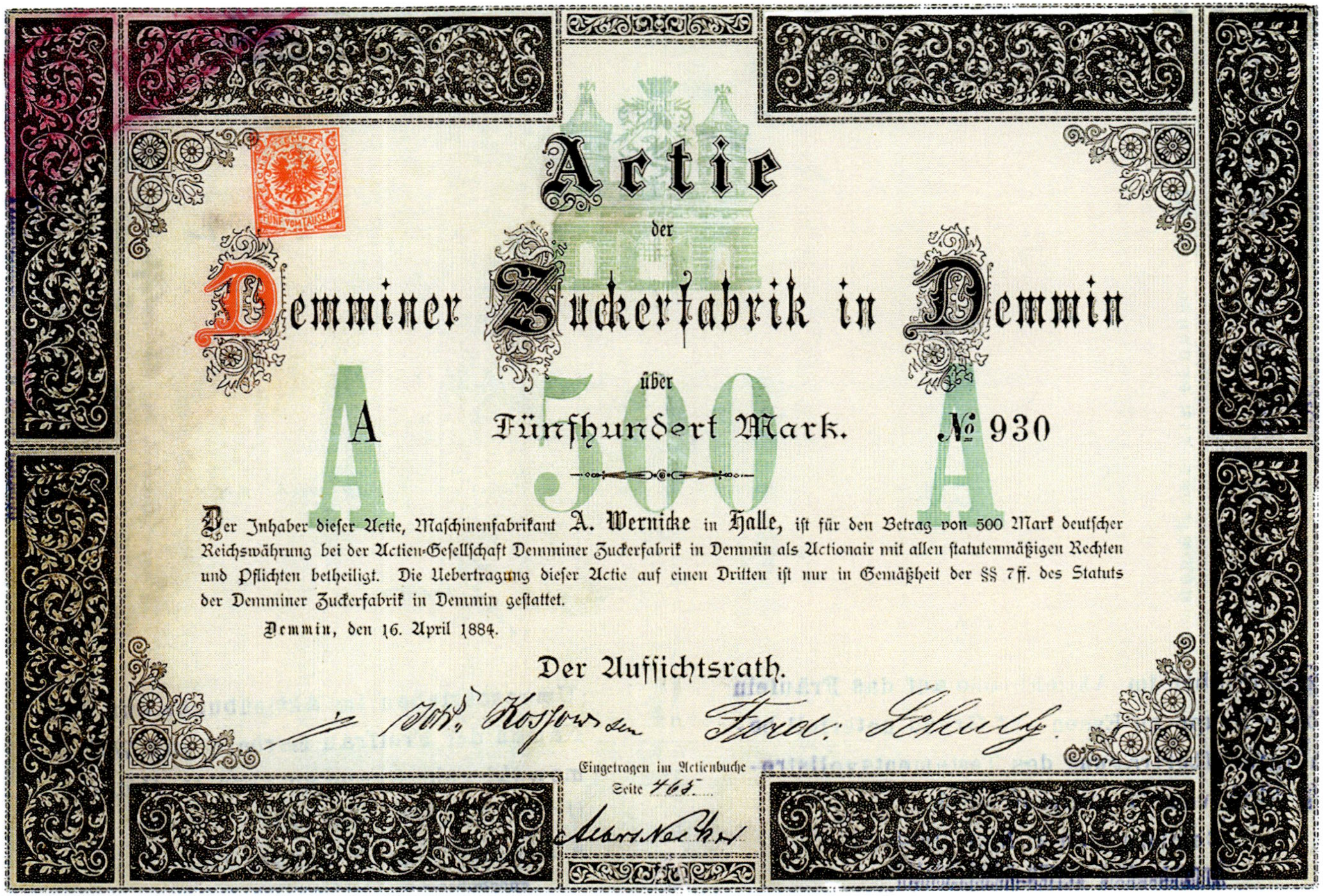
Actie

der

Demminer Zuckerfabrik in Demmin

über

A Fünfhundert Mark. № 930

Der Inhaber dieser Actie, Maschinenfabrikant A. Wernicke in Halle, ist für den Betrag von 500 Mark deutscher Reichswährung bei der Actien-Gesellschaft Demminer Zuckerfabrik in Demmin als Actionair mit allen statutenmäßigen Rechten und Pflichten betheiligt. Die Uebertragung dieser Actie auf einen Dritten ist nur in Gemäßheit der §§ 7ff. des Statuts der Demminer Zuckerfabrik in Demmin gestattet.

Demmin, den 16. April 1884.

Der Aufsichtsrath.

Eingetragen im Actienbuche

Seite 465

Die Aktie Nr. 930: Der Druck von Aktien war für die Druckerei Wilhelm Gesellius in Demmin ein Großauftrag.

„SÜSSER" BETRIEB FÜR 100 JAHRE

Aktien erinnern an die Demminer Zuckerfabrik auf dem Meyenkrebs

Die Entdeckung des Zuckergehalts der Runkelrübe 1747 und den betriebenen Forschungen zu deren Züchtung und Anbau bewirkte im Jahre 1801 die Gründung der ersten Rübenzuckerfabrik. Damit konnte die Monopolstellung der in den Kolonialstaaten und der Karibik betriebenen Zuckerrohrplantagen gebrochen werden. Dort war unter dem massiven Einsatz von Sklaven Rohrzucker produziert worden, der in Europa ein teures Luxusgut war.

In Vorpommern galt die Zuckerindustrie am Ende des 19. Jahrhunderts als der bei weitem modernste Industriezweig im Land. Damit repräsentierten Zuckerfabriken technologischen Höchststand in Europa. Rübenanbau, ein ausreichend großes Anbaugebiet und ein geeigneter Boden im Umkreis – das waren die Voraussetzungen für den Bau einer Zuckerfabrik. Ein weiterer Aspekt waren die Transportmittel. In Vorpommern wie in anderen preußischen Provinzen gab es zum Transport der Rüben oft spezielle Kleinbahnnetze, die sogenannten Rübenbahnen. Wichtig war überhaupt der Anschluss an das Eisenbahnnetz. Die 1881 im mecklenburgischen Stavenhagen gegründete Zuckerfabrik war beispielsweise so erfolgreich, weil rechtzeitig ein Vertrag mit der Mecklenburgischen Friedrich Franz-Eisenbahn zum Bau eines Anschlussgleises geschlossen wurde. Beim Bau der Demminer Kleinbahnen West 1913 stand die Stavenhagener Zuckerfabrik im wirtschaftlichen Blickpunkt der Planung.

Die Gründung der Jarmener Zuckerfabrik im Jahre 1896 ging sogar auf das Einzugsgebiet von drei Bahnen zurück – der Greifswald Jarmener Kleinbahn, der Demminer Kleinbahnen Ost und der Mecklenburg Pommerschen Schmalspurbahn. Die Aktionäre der Zuckerfabrik Tessin gründeten selbst eine Schmalspurbahn für den Transport von immerhin 48 km Länge.

So verwundert es nicht, dass sich 1883 private Investoren, vor allem Landwirte aus Demmin und der Umgebung, zusammenfanden um eine Zuckerfabrik zu gründen. Zu heftigen Debatten führte die Finanzierung der Fabrik. Es gab die Möglichkeit durch Ausgabe von Aktien auf genossenschaftlicher Basis oder durch einen verantwortlichen Unternehmer. Der damalige Demminer Bürgermeister Dr. Münter konnte nach etlichen Sitzungen dem „Demminer Tageblatt" mitteilen, dass die neu gegründete Demminer Zuckerfabrik A. G. am 16. April 1884 mit dem Verkauf von Aktien beginnen würde. Das Aktienkapital wurde mit 750 000 Mark angegeben. Ebenfalls wurde die genaue Lage des Werks mitgeteilt. Der Vorstand des Aufsichtsrates befürwortete ein Gebiet nördlich der Stadt, auf dem sogenannten Meyenkrebs. In kürzester Zeit wurden die Werksanlagen fertig gestellt. Die Verarbeitung der Rüben begann im darauf folgenden Jahr. Es wurden 53 000 t Zuckerrüben verarbeitet. Hauptsächlich für die Kohlenanfuhr war die Lage der Zuckerfabrik an der schiffbaren Peene bestens geeignet. Um aber Rüben- und Kohleanfuhr optimal zu nutzen, beantragte der Firmenvorstand 1884 den Bau einer Anschlussbahn, die von der Nordbahn Berlin – Strahlsund abzweigen sollte. Für den Betrieb auf der Werkbahn kaufte die Zuckerfabrik eine kleine zweiachsige Dampflok. Für den innerbetrieblichen

Verkehr besaß man außerdem eine etwa zwei Kilometer lange Feldbahn, die mit Pferden betrieben wurde.
Dann am 20. Januar 1911 läutete bei der Feuerwehr Demmin das Alarmtelefon. Der Anruf kam vom Direktor der Zuckerfabrik auf dem Meyenkrebs. Das Hauptfabrikgebäude sowie das Zuckerhaus standen in hellen Flammen. Selbst mit Hilfe der Loitzer Wehr konnten die Gebäude nicht gerettet werden. Es wird berichtet, dass der Brand der Zuckerfabrik der größte seit Bestehen der Demminer Wehr gewesen sei. Doch schon zur Kampagne, also zur Saison im Herbst war die Zuckerfabrik wieder voll produktionsfähig, denn die Aufbauarbeiten kamen zügig voran.
Dafür ergab sich ein anderes Problem: Die geplante, volle Auslastung der Zuckerfabrik wurde nicht erreicht - Aktionäre und Vorstand suchten Ursachen und Gründe. Es fehlte der Anschluss einer Kleinbahn, um Zuckerrüben von den einzelnen Gütern der Umgebung „einzusammeln". Schon bei der Projektierung der Demminer Kleinbahnen und spätestens beim Bau der Demminer Hafenbahn entstand der Vorschlag, das Hafengleis bis zur Zuckerfabrik zu verlängern. Das Vorhaben scheiterte jedoch an den hohen Kosten für den Brückenbau über die Peene. Als eine Kleinbahn von Demmin über Loitz nach Greifswald im Gespräch war, glaubte man, die Demminer Zuckerfabrik aus ihrer Insellage befreien zu können. Jedoch kam auch dieses Projekt nicht zur Ausführung, es blieb alles beim Alten. Trotzdem arbeitete der Betrieb über Jahre rentabel, den Aktionären wurde fast jedes Jahr eine Dividende ausgezahlt. Aktien der Demminer Zuckerfabrik hatten ihren Wert und waren als Geldanlage durchaus begehrt. Das beweist auch die Aktie Nr. 930 der Demminer Zuckerfabrik über 500 Mark.
Diese erwarb 1884 der Maschinenfabrikant Alfred Wernicke aus Halle, der auch Anlagen für die Fabrik geliefert hatte. Als Wernickes Firma in Konkurs ging, kam die Aktie 1894 an den Geheimen Rat Friedrich Alfred Krupp in Essen. Dieser vererbte neun Jahre später die Aktie 930 an seine Frau Margarethe und deren Kinder. Laut Heiratsurkunde war dann 1907 Freifrau von Wilmowski Eigentümerin. Mit dem Hofbesitzer Ulrich Giertz aus Grimmen kam die Aktie 1911 wieder nach Vorpommern. Auf Grund einer Erbauseinandersetzung war ab 1934 der Gutspächter Paul Keding aus Nossendorf im Besitz und das bis 1945. Danach war die Aktie Nr. 930 wertlos.
Die Demminer Zuckerfabrik war mit veralteter Anlage noch bis 1992 in Betrieb. Wenig später indes wurde sie abgerissen.

Werbung im Adressbuch der Stadt Demmin von 1939.

Heute deutet auf dem Meyenkrebs nichts mehr auf die ehemalige Zuckerfabrik hin, die in jeder Kampagne 400 Menschen Arbeit und Brot gab.

Ansicht der Demminer Zuckerfabrik auf einer Ansichtskarte aus dem Jahre 1930.

Luftaufnahme der Demminer Zuckerfabrik A. G. aus dem Jahr 1934.

HISTORISCHE ANSICHTEN

Im Hintergrund sieht man einen Teil der Gebäude der Demminer Getreidebrennerei von Broecker & Hertz. Schon 1836 wurde auf diesem Grundstück eine Runkelrüben-Fabrik gegründet, die den Betrieb jedoch bald wieder einstellen musste.
Aufnahme um 1930

Linke Seite:
Um das Jahr 1830 ließ die Familie Podewills auf dem bis dahin wüsten Burgwall von Haus Demmin ein Herrenhaus errichten. Auf dem vorderen, zur Tollense hin liegenden Wall, entstand ein Haus im Stil italienischer Villen mit Flachdach und vor gelagertem Altan. Kurz nach der Fertigstellung kamen die Podewills in finanzielle Schwierigkeiten und verkauften Haus Demmin 1881 an Hans von Rohr.
Im Januar 1997 legte ein verheerender Brand das leer stehende Gebäude in Schutt und Asche. Aufnahmen um 1930

Die aus dem frühen 19. Jahrhundert stammende Windmühle am Pensiner Weg ist eine Achtkant-Ständer-Windmühle und zählt zu den ältesten erhaltenen, noch mit teilweise original Inventar ausgestatteten Windmühlen Nordostdeutschlands.

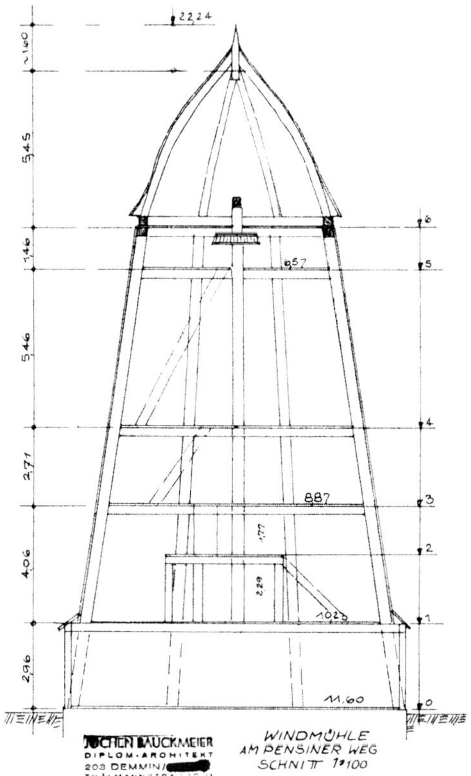

1975 bekam die Windmühle eine neue Verkleidung durch die Baufirma Bauckmeier.

Aufmerksam beobachten der Bodenmeister des Klänhammerschen Speichers und der Kapitän der „RESNOVA" die Getreideübernahme im Demminer Hafen.

Während der Lastkahn vorn rechts im Bild tief im Wasser liegend, sich auf die Weiterfahrt vorbereitet, ist die „GRETEL" gerade dabei Getreide zu übernehmen.

Nachdem die Peene umfassend ausgebaggert und am Hafen ein festes Bollwerk angelegt wurde, entstand um 1800 der „Lübecker Speicher" (Bildmitte).

EINE PERSÖNLICHKEIT MIT WARMEM HERZEN

Demmins Bürgermeister Joachim Bramber

Wir schreiben das Jahr 1580. Die Hansestadt Demmin, zu jener Zeit eine reiche und recht große Stadt, stand mehr denn je im Aufblühen. Eine große Anzahl an Neubürgern bemühte sich, die Bürgerrechte zu erlangen und das versprach dem Rat der Stadt steigende Einnahmen. In jenem Jahr wurde Joachim Bramber als Sohn des Demminer Bürgermeisters gleichen Namens und der Anna von Walsleben geboren. Die Eltern galten als wohlhabend und in guten Vermögensverhältnissen lebend - sie besaßen mehrere Häuser und etliche Ackerflächen vor den Toren der Stadt. Nach einem Studium in Rostock gehörte Joachim als Ratssekretär dem Rat der Stadt Demmin

an. 1618 wurde er zum Bürgermeister gewählt. Noch während der Zeit als Ratssekretär machte er sich als eine sehr streitbare Persönlichkeit einen Namen, einen Namen im positiven Sinne. Damals gab es einen handfesten Streit, in welchen der Rat der Stadt und Bramber persönlich mit dem Präpositus Valentin Wudrian verwickelt wurde. Als Vormund der Witwe Schose und ihrer sechs unmündigen Kinder verhalf Bramber ihnen zu ihrem Recht gegen seinen Jugendfreund Wudrian. Seinen Gerechtigkeitssinn konnte nichts beeinflussen und das brachte ihm Anerkennung, vor allem bei den einfachen Bürgern der Stadt. Tatkräftig setzte er sich unter anderem für die ehemalige alte Wasserleitung ein, die viel Geld gekostet hatte und doch nie richtig funktionierte. Aber schon warfen die drohenden Wolken des Dreißigjährigen Krieges auch in Demmin ihre Schatten voraus.

Der „Kunstpfeifer", welcher nun des Nachts auf dem Turm der St. Bartholomaei Kirche Ausschau zu halten hatte, bekam zwei Decken und Kohlen zur Nachtwache hinaufgeschafft. Es mussten Gelder bereitgestellt werden, um Soldaten aus der Bürgerschaft zu werben. Die Stadt war im Falle einer kriegerischen Auseinandersetzung verpflichtet dem pommerschen Herzog ein Truppenkontingent zu stellen. In Rostock wurden Sturmhauben und Hellebarden gekauft. Die Stadt schickte im Juli 1626 ihren „Mitbürger Heinricum Bramber" mit 50 Mann an den Herzog und man war der Meinung, dies sei „von hinnen genug, wo nit zu viel".

Indessen waren alle Bemühungen vergeblich gegenüber der weit überlegenen Streitmacht Wallensteins. Am 17. November 1627 marschierten 1 ½ Kompanien Kaiserlicher Reiter unter Oberst Savelli in Demmin ein. Er war es, der von nun an das Sagen in der Stadt hatte, und darin hatte der Söldnerführer reichlich Erfahrung. Schlimme Jahre kamen. Von allen Seiten, aus Stadt und Land, mussten Bramber und seine Ratsgenossen Klagen hören, ohne Abhilfe schaffen zu können. Schon 1630 ist die Bürgerschaft nicht mehr zahlungsfähig.

Auch in den folgenden Jahren hatte die Stadt keine Einnahmen an Steuern und Pachten. Dabei musste Joachim Bramber hoffnungslos mit ansehen, wie die ehemaligen blühenden Bauerndörfer verödet und menschenleer wurden. Und hätte er nicht so schon genug zu tun, wurden er und Jürgen von Platen auf Gehmkow vom Herzog zu Kriegskommissaren des Kreises Demmin ernannt. Sie mussten sich um die Märsche der Truppen kümmern, gegen Quittung der Truppenleiter aus dem neu eingerichteten Proviantshaus in der Kahldenstraße (ehemalige Heilgeistkirche) Getreide ausgeben. Eine aufreibende, verdrießliche Tätigkeit für Bramber. Um in dieser Kriegszeit außer den willigen Hofbeamten stets Berater um sich zu haben, bestellte der Herzog eine ständige Ratsversammlung, in die er auch Joachim Bramber berief. So wurde er neben seinem Bürgermeisteramt auch noch herzoglicher Rat des Landes Pommern. Unermüdlich versuchte Bramber beiden Ämtern gerecht zu werden. Viel war er in Greifswald unterwegs und so oft er heimkehrte, fand er seine Stadt Demmin in einer übleren Lage, als er sie verlassen hatte. 1640 zahlten nur noch 120 Bürger Steuern. Stadt und Kreis Demmin verelendeten immer mehr, während die schwedische Regierung (Demmin war seit 1639 von den Schweden besetzt) erbarmungslos im Eintreiben der Steuern blieb. Am 23. Dezember 1643 schreibt Joachim Bramber einen Brief an den Obersteuereinnehmer Johannes Pöppelow in Greifswald. Darin hieß es: „Müssen aber dieses kürzlich berichten, dass wir nämlich es dafür halten, dass im ganzen Lande Pommern kein Distrikt sei vorhanden gewesen, darin

Die Lithographien zu dieser Geschichte gestaltete der Kunstmaler Otto Ubbelohde um 1910.

elendere, ärmere und nahrungslosere Leute zu finden sind als in diesem Demminschen. Die Stadt Demmin ist dreimal (1631, 1637 und 1639) belagert, beschossen und eingenommen worden. Sie ist mit beständiger Einquartierung und zwar mit stärkerer Garnison belegt, als außer Stralsund nicht eine Stadt in ganz Pommern gehabt hat. Die vom Adel und andere auf dem Lande, die außerhalb der Pässe ansässig, sind durch Überziehung und Plünderung dermaßen entnervt und ausgemergelt, dass es unmöglich ist, in so geschwinder Eile die assignierten Quoten (Steuern) aufzubringen."

Die Antwort kam vier Wochen später von den schwedischen Staatsräten: „Die Schweden müssten in Deutschland zum Schutze der Glaubensverwandten kostbare Armeen halten, Festungen und Pässe besetzen und haben dazu noch Feindschaft mit der Krone Dänemark. Darum ist es nötig, dass in dieser Winterzeit 25 000 Scheffel Getreide, 50 000 Reichstaler und außerdem die Trank- und Scheffelsteuer im Gebiet der Wolgastischen Regierung aufgebracht werden müssen." Da die Stadt daraufhin nicht reagierte und Bramber nur immer wieder versuchte, die finanzielle Lage zu erklären, ordneten die Schweden die „Exekution", d. h. die Erpressung der Steuern durch Soldaten an. Und die Schweden bekamen ihre Steuern. Die Schulden der Stadt wurden immer drückender und es gab keine Aussicht auf Besserung der Lage. Der ehemalige Bürgermeister Johann Zander hatte der Stadt Geld geliehen und es auf das Stadtgut Nossendorf eintragen lassen. Seine Erben drängten jetzt auf Rückzahlung der Schuld und hatten vor Gericht die besten Aussichten. Nun mussten der Rat und Bramber handeln. Zu jener Zeit war Oberst von Mardefeld Stadtkommandant in Demmin. Dieser Oberst war ein Kind seiner Zeit. Man sagte, er habe während des Dreißigjährigen Krieges (1618–1648) der Stadt viel Gutes getan. Er schaffte Linderung bei den sehr belastenden Einquartierungen der Soldaten und konnte die Kornsteuer beträchtlich senken.

Das war die eine Seite des Obersten, die ihm natürlich gewisse Sympathien einbrachte. Andererseits suchte er aber auch, in seinem eigenen Interesse in der Stadt Fuß zu fassen und seinen Besitz zu mehren. Im Juli 1647 verkaufte die Stadt „das Stadthaus die Schreiberei genannt, nebst dem Stadthofe und zwei darauf stehenden Zimmern an den Stadtkommandanten und Obersten von Mardefeld, seine Ehefrau und die beiderseitigen Erben für 600 Gulden, den Gulden zu 24 Schilling Lübisch, zu erlegen in guter, vollgeltender Silbermünze". Die Gebäude hatten nach hinten einen großen Garten. Wenn man den Angaben glauben darf, lag dieses Grundstück innerhalb der Kuhstraße (später Luisenstraße), Schulstraße, Frauenstraße und Reuterstraße, ein auch für damalige Zeiten großes Areal. Nach Stadtrecht standen Mardefeld für sein Grundstück entsprechende Wiesen zur Heugewinnung, im Stadtwald freies Feuerholz und die Gemeindeweide für Schweine und Kühe zur Verfügung. Aber es fehlte es ihm an Leuten, diese „Errungenschaften" nutzbar zu machen. Sein Plan war es, ein ganzes Dorf für sich arbeiten zu lassen und dabei fiel seine Wahl auf Siedenbrünzow.

Hatte Joachim Bramber, der Not gehorchend, in den Verkauf der Stadtschreiberei einwilligen müssen, so widersetzte er sich jetzt mit aller Kraft den Ansprüchen des Stadtkommandanten. Siedenbrünzow war ein Gut, das dem Hospital St. Spiritus in Demmin „mit seinen Grenzen, Scheiden und Weilern, wie auch allen zugehörigen Gerechtigkeiten, höchsten und niedrigsten Gerichten, Rauchhuhn und allem andern" zustand. Herzog Barnim I. schenkte im Mai 1279 das Dorf Siedenbrünzow dem Hospital zum heiligen Geiste und stellte es unter das Patronat des Rates zu Demmin. Bramber war außer sich solcher Anmaßung und in ihm erwachte der alte Kampfesmut - dieses durfte einfach nicht geschehen. Zunächst hatte er alle weltlichen und geistlichen Behörden gegen sich

und nur den Greifswalder Rat für sich. Der Streit zog sich über mehrere Jahre hin und keine Einigung war in Sicht. Am 1. April 1650 erschienen die Abgesandten des Konsistoriums aus Greifswald in Demmin. Kampfbereit standen ihnen der Rat mit Bramber an der Spitze gegenüber. Gleich beim Betreten der Stadt hatten sie am Tore eine schriftliche Zurückweisung „mit der Stadtinsiegel" erhalten. Sie wurde natürlich nicht beachtet. Die Abgesandten hatten schon vorher verlangt, dass Achtermänner und Alterleute der Innungen erscheinen sollten. Der Rat jedoch erinnerte sie an ihren Bürgereid und dass niemand sie dazu zwingen könne - und die Vorgeladenen erschienen nicht. Die nun schon sehr verärgerten Abgesandten aus Greifswald beschuldigten den Bürgermeister, dass sich die Demminer Bürger durch ihr Verhalten in den Verdacht setzten, die Hospitalgüter nicht richtig verwaltet zu haben. Um das zu beweisen, wurde ein Lokaltermin in Siedenbrünzow anberaumt, um die Bauern zu vernehmen. Dort angekommen, trafen sie diese jedoch nicht zu Hause an. Gerade an diesem Tag hatten sie auf Anordnung des Rates Brennholz in alle Wachstuben zu fahren. Den Abgesandten blieb nichts anderes übrig, als sich nach gescheiteter Mission wieder auf den Heimweg zu machen.

Aber der Oberst gab nicht auf und wandte sich an die Regierung in Stettin. Diese wiederum drängte den Rat zu Demmin, einen Vertrag mit Mardefeld abzuschließen. Bramber wendet sich mit Protest an die Landstände. Auf dem Landtag in Stettin wierd die Sache verhandelt. Die Städte, mit Greifswald an der Spitze, stellten sich auf Demmins Seite und verteidigten dessen „wohlverbrieftes Recht". Joachim Bramber hatte gewonnen. Ende des Jahres 1650 musste Oberst Mardefeld einsehen, dass ihm in Sachen Siedenbrünzow die Trauben zu sauer waren - Siedenbrünzow blieb Stadt- und Hospitaldorf. Auch in seinen letzten Amtsjahren entwickelte der mittlerweile über Siebzigjährige Bramber eine fieberhafte Geschäfts- und Reisetätigkeit. Immer wieder war er im Auftrag seiner Stadt in Greifswald und anderen Orten unterwegs. Am 3. Juni 1653 starb Joachim Bramber. Karl Goetze, Verfasser der „Geschichte der Stadt Demmin", beschreibt den Bürgermeister als: „den berühmtesten, arbeitsfreudigsten Bürgermeister der Vergangenheit. Er war eine klar denkende Persönlichkeit mit warmem Herzen, starkem Willen und gesundem Mutterwitz. Gefürchtet war er wegen seiner Schlagfertigkeit von vielen, geliebt wegen seines schnellen Dreinfahrens wohl nur von wenigen, geachtet von allen."

Karl Goetze, Demminer Kreis-Kalender, 1923

Geboren 1867, wirkte der Künstler vor allem im Hessischen und hatte sich in ganz Deutschland mit Illustrationen zu Sagen, Märchen und Volksliedern einen Namen gemacht. In der Nähe von Marburg erinnert noch heute ein Museum an Otto Ubbelohde, der 1922 starb und dessen Demmin-Ansichten als Originale dort auch verwahrt werden. Der Verein für Heimatpflege in Demmin ließ die Motive, meist als Serie, in einem Sammelheftchen aber auch auf Postkarten regelmäßig veröffentlichen.

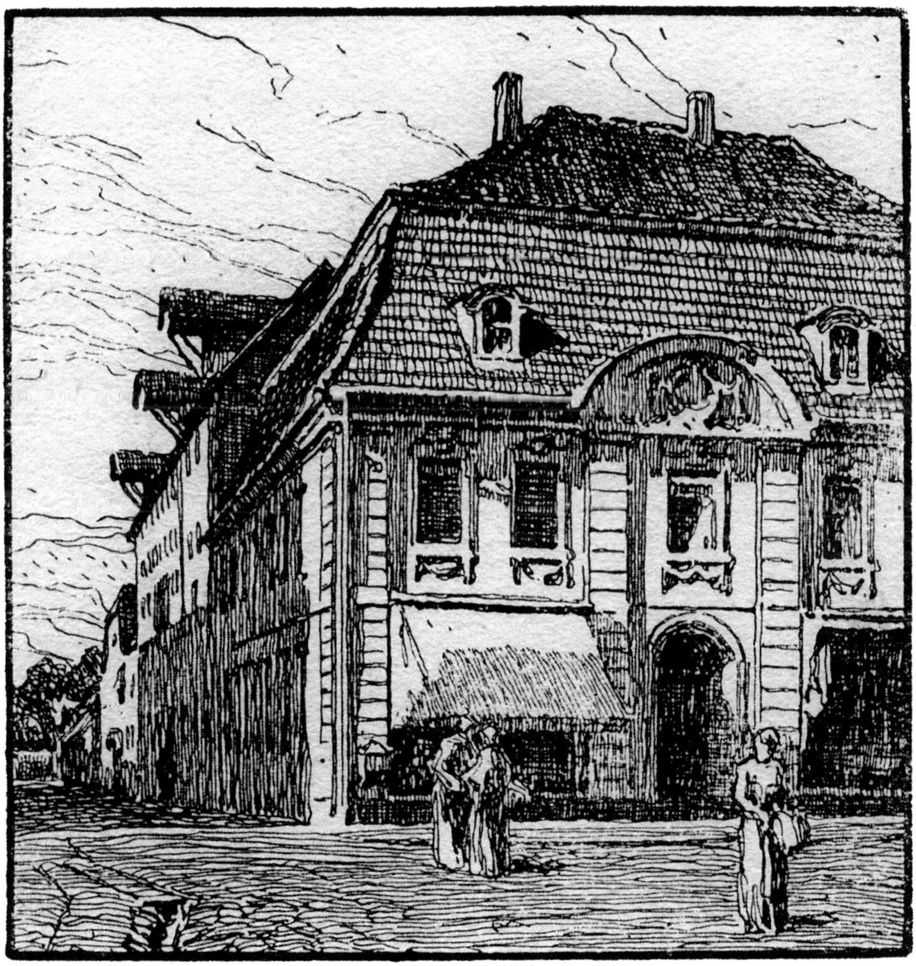

DIE DÖRFER AUF DEM WERDER

Stadt Demmin hatte einst gute Einnahmequellen vor ihren Mauern

Das Lübische Stadtrecht erhielt Demmin vermutlich zwischen den Jahren 1235 bis 1246. Die Gründungsurkunde der Stadt ist heute leider nicht mehr vorhanden, nur eine Bestätigung derselben vom 14. August 1292 liegt noch im Original vor. Darin bestätigen die Herzöge Bogislaw IV., Barnim II. und Otto I. der Stadt Demmin die Rechte und Gesetze, wie sie die Stadt Lübeck besaß. In dieser Urkunde wurden unter anderem der Stadt das Demminer Holz, Fischerei auf dem Kummerower See, freie Schifffahrt von der Mühle vor Malchin bis zur Ostsee sowie Fischerei auf Trebel und Tollense zugestanden.

Im letzten Teil dieser Urkunde heißt es dann: „Das Eigentum auch über die Dörfer Rustow, Rantekow (Randow), Metle, Woteneke (Wotenick), Seedorp (Seedorf), Thoze (Toitz), Wolqvardisdorp (Volksdorf), Nossendorp (Nossendorf), Drönnevitz (Drönnewitz), Dummersdorp (Dummersdorf), mit allen Rechten und Nutzen, mit der Schutzvogtei, der Prekaria (Münze, Zeitpacht), mit der Gerichtsbarkeit über Hand und Hals, mit den Grenzen und was in denen erhalten ist, in den Feldern, Wäldern, Wiesen, Wassern, Weiden ohne Einschränkung. Das Eigentum haben wir zu verleihen beschlossen den geliebten Einwohnern besagter Stadt für ewige Zeiten zum glücklichen Besitz."

Die Dörfer Drönnewitz und Dummersdorf lagen westlich der Stadt, alle anderen Stadtdörfer nördlich davon. Diese acht wurden in alten Urkunden auch als Werder (Insel) bezeichnet. Karl Goetze glaubte die Erklärung für diese Bezeichnung in der Lage der Dörfer gefunden zu haben. Sie lagen inselartig als Dreieck, einmal von der Trebel, dann von der Peene und im Norden von der Grenze des Fürstentums Rügen eingeschlossen .Demmin war schon seit jeher von einem Ring von Dörfern slawischen Ursprungs umgeben.

Um die Wende des 6. zum 7. Jahrhundert waren slawische Stämme in das Land zwischen Elbe und Oder gezogen. Im Demminer Raum war es der große Stammesverband der Wilzen, die sich insbesondere dem Ackerbau und der Viehzucht, daneben aber auch dem Fischfang und der Imkerei widmeten. Eines der ältesten, urkundlich erwähnten slawischen Dörfer war Wotenick. Am 9. September 1171 verlieh Heinrich der Löwe bei der Einweihung des Schweriner Doms dem Domkapitel unter anderem das Dorf Wotenick bei Demmin. Später kommt das Dorf an das Bistum Cammin und 1277 zusammen mit Seedorf durch Tausch (für zwei gleich gute Dörfer) an das pommersche Herzogshaus.

In dieser Zeit gingen die slawischen Dörfer in einer langsamen Entwicklung in die Hände eingewanderter Adliger über. Diese holten aus ihrer ehemaligen Heimat Sachsen, Westfalen und Flandern Kolonisten ins Land und siedelten sie in den slawischen Dörfern an. Dabei kam es auch zu Neugründungen wie zum Beispiel Schönfeld und Ganschendorf oder das von Flamen gegründete Flemmendorf. Kolonisten und Slawen vermischten sich im Laufe der Zeit miteinander, wobei die Slawen allmählich aufhörten als besonderer Stamm zu existieren.

Allen Stadtdörfern stand ein Schulze vor, der dem Rat von Demmin verantwortlich war. Ausgestattet mit dem soge-

Gruß aus Wotnick – eine seltene, Ansichtskarte aus dem Jahre 1911.

1901 druckte die „Acidenz-Druckerei Max Krause, Demmin“ diese Ansicht von Seedorf

nannten Schulzengericht war er auch in der Lage, kleinere Strafen zu verhängen. Alle Dörfer waren mit erbuntertänigen Bauern besetzt, das heißt, sie unterstanden ausschließlich der Stadt Demmin, hatten kein Verfügungsrecht und saßen auf Zeitpacht. Eine Ausnahme bildete Drönnewitz. Hier gab es auch vom 13. bis 15. Jahrhundert „freie Bauern", die selbständig Boden und Hof veräußern konnten.

Die Stadtdörfer und besonders die auf dem Demminschen Werder waren meist schutzlos vor den Angriffen der Feinde Demmins. Die Stadt hatte eine wehrhafte Mauer und gelang es den Angreifern nicht, diese zu überwinden, richtete sich ihr Zorn auf die wehrlosen Stadtdörfer. So geschehen im Jahre 1327, als beim Rügenschen Erbfolgekrieg die Mecklenburger erfolglos Demmin belagerten: „So wurden sie (die Dörfer) dennoch von den Mecklenburgern wider alle Krieges-Raison angesteckt, in die Asche gelegt und gänzlich verwüstet."

Wieder neu errichtet hatte die Stadt in ihren Dörfern natürlich eine gute Einnahmequelle. Nach den alten Kämmereiregistern wohnten zum Beispiel 1546 in Wotenick 17 erbuntertänige Bauern: acht Zweihufner, vier Einhufner und fünf Kossaten (kleinere Anwesen). Sie zahlten zusammen 231 Mark Pacht an die Stadt Demmin, außerdem den Zehnten für die Demminer Kirche an das pommersche Fürstenhaus und lieferten jährlich dem Rat der Stadt von jeder Wohnstätte ein Huhn (Rauchhuhn).

Ein völlig verändertes Bild bot sich am Ende des Dreißigjährigen Krieges (1618-1648). In einem Bericht des Bürgermeisters Jakob Köser heißt es kurz und bündig: „Wotenick, Seedorf, Nossendorf und Volksdorf sind verpfändet, Toitz und Rustow in Kriegsnot verkauft." Niemals hätten Rat oder Bürgermeister der Stadt dieses Pfand auch nur in Gedanken veräußert. Erst der alles vernichtende Dreißigjährige Krieg zwang Demmin dazu. Drei Dörfer trafen es besonders hart. Metle, Dummersdorf und Drönnewitz waren in Grund verwüstet und dem Erdboden gleichgemacht. Die ersten beiden Dörfer verschwanden gänzlich von der Bildfläche, nur Drönnewitz wurde wieder neu erricht - jedoch an einer ganz anderen Stelle.

Karl Stolle, Beschreibung und Geschichte der Hansestadt Demmin, 1772
Karl Goetze, Geschichte der Stadt Demmin, 1903

An der Haltestelle Randow stiegen die Demminer Ausflügler gern aus. Hier betrieb Amandus Fahrenkrug seine Restauration „Waldesruh", Ansichtskarte von 1907.

Rustow – eines der ehemaligen Stadtdörfer von Demmin, 1941.

Der Grimmener Fotograf A. Dieck brachte diese Ansichtskarte 1915 in den Handel.

Die Genossenschaftsmolkerei Nossendorf GmbH auf einer Aufnahme um 1910.

Die Ansichtskarte aus dem Jahre 1904 zeigt den runden Mauerturm in unmittelbarer Nachbarschaft des Demminer Luisentores. Da die um die Jahrhundertwende aufgesetzte Krone nicht der historischen Bauart des Mittelalters entsprach, wurde sie um 1910 wieder entfernt.

Wie der sogenannte „Pulverturm" zu seinem Namen kam, ist ungewiss, denn Pulver hier zu lagern wäre wahrlich sehr gefährlich gewesen. Ansichtskarte von 1905

DER „DÜSTERE KELLER“ VON DEMMIN

Die Geschichte des Pulverturms

Wie in allen vorpommerschen Städten hatten auch die Bewohner der Hansestadt Demmin schon frühzeitig eine hohe Steinmauer um ihre Häuser errichtet. Sie fühlten sich in ihren Mauern so sicher, dass sie es im Jahre 1451 sogar wagten, dem eigenen Herzog zu trotzen, die Stadttore schlossen und die Bürger durch die Sturmglocke zu den Waffen riefen. Die gesamte Stadtbefestigung war im 15. Jahrhundert vollendet. Stolz ragten die vier großen Tore und ihre 27 Türme, die eine Verteidigung der einzelnen Mauerabschnitte ermöglichten in den Himmel empor. Alle diese Türme waren als 9 runde und 18 quadratische in die Stadtmauer eingebaut oder auch auf die Stadtmauer aufgesetzt worden. Geblieben ist heute neben den Mauerresten und dem Luisentor nur noch einer der Türme, der sogenannte „Runde Mauerturm“, im Volksmund auch Pulverturm genannt.

Dieser Turm hatte im Gegensatz zu allen anderen seine eigene Geschichte, und diese ist in seiner Nutzung begründet. 1546 wurde der Turm in den alten Ratsprotokollen auch als der des „düsteren Kellers“ bezeichnet – neben der Fronerei und der Wohnung des Scharfrichters gelegen. Der Stadtchronist Stolle beschreibt diesen Turm 1772 mit den Worten: „Der eine von den letzten, nemlich ein Rondel stehet nahe bey dem Kuh-Tor, ist gebrauchet zum Gefängnis der Missetäter, nun aber vor ein par Jahr zugemauert worden.“ Gemeint ist damit das alte Gewölbe über dem Keller, denn der Gefängnisraum lag tief unter dem Turm und war nur über eine eingeschobene Leiter zu erreichen. Um diesen Turm – vor allem aber der Wohnung des Scharfrichters – machte jeder Bürger lieber einen großen Bogen. Als der Turm 1571 neu gemauert werden musste, opferte die Stadt nach und nach sechs Tonnen Bier. Die Arbeit war für Maurer damals nicht allzu ehrenhaft, darum musste die „Arbeitslust“ angefeuert werden. So spendabel soll die Stadt mit Bier sonst niemals gewesen sein. Selbst Thomas Kantzow, der Chronist Pommerns, berichtete indes schon 1540 über die harte Justiz, die in Demmin zu dieser Zeit geübt wurde. Wer einmal in den düsteren Keller gesetzt worden war, bekam selten wieder das Tageslicht zu sehen, es sei denn vor seiner Hinrichtung auf dem Galgenberg oder – in günstigeren Fällen – vor seiner Ausweisung aus der Stadt. Der Froner erschien im Keller, um vermeintlichen Übeltätern, die nicht gestehen wollten, die „peinliche Frage“ zu stellen. Dazu wurden zunächst „die Instrumente vorgezeigt“. Blieb das fruchtlos, wurden die Gefangenen in Gegenwart des Stadtvogts und zweier „Olderlüde“ solange gefoltert, bis ein Geständnis erpresst war. Wen die Tortur zu sehr mitnahm, wurde zunächst mit Hilfe des Stadtarztes gepflegt – um dann eine noch schlimmere Prozedur erleiden zu müssen. Peinlich genau wurden in den Kämmereiregistern der Stadt die Ausgaben dafür notiert. So unter anderem: „6 Mark dem Radelmeister Simon, dass er Achim Szassen und die Probestesche richtete, als Lohn gegeben. Klaus Westphall wegen seiner verwirkten Tat des Mädchens halber mit glühenden Zangen und Ketten gekniffen und dann vom Scharfrichter hingerichtet, 3 Mark gegeben.“ Die Zangen mit Ketten hatten der Stadt 1 Mark, der Püster zum Anblasen des Feuers ebenfalls 1 Mark

gekostet. Als in Gegenwart des Stadtvogts und mehrerer „Olderlüde" Hennig Schwichel mit „glühenden Zangen gezogen wurde", tranken die Richter dabei für 14 Schilling Bier.
Einmal jedoch hatte der „düstere Keller" einen Gast, für den die Stadt 50 000 Taler bezahlen sollte. Es war im Mai des Jahres 1593, als Caspar von Lepel seinen Rittersitz verließ, um in Sternberg Hochzeit zu feiern und die Frau seines Herzens heimzuführen. Auf seiner Reise machte er in Demmin Station. Hier wollte er ein wenig ausruhen und gute, alte Freunde besuchen. War es nun Zufall oder der Rausch, jedenfalls erwischte man ihn an der Kammertür einer Jungfrau. Alles war in hellster Aufregung und es kam zu einem heftigen Handgemenge zwischen dem Vogt Hoye und dem adligen Michel Bukow. Dabei ging Lepel zu Boden, und Bukow rief seinem Jungen zu, die Büchse zu holen. Augenblicklich sprang Lepel auf, stürzte in die Stube und stieg durch das Fenster auf die Straße. Außer sich vor Wut lief er zum Bürgermeister Martin Elver und beklagte sich über die ihm „zugeführte, hochschmerzliche Gewalt" und drohte damit, die Angelegenheit dem Landesfürsten vorzutragen.
Völlig unbeeindruckt schickte der Bürgermeister Caspar von Lepel wieder in sein Demminer Quartier. Als er sich kurz darauf mit seinem Wagen auf den Weg nach Sternberg machen wollte, erschienen sechs bewaffnete Stadtdiener, nahmen Caspar von Lepel fest und warfen ihn ins übelriechende Gefängnis des Turmes. Hier ließ man ihn ganze acht Tage schmoren, und erst ein Befehl des Herzogs hob die Haft auf. Es wird berichtet, dass die Hochzeitsgesellschaft in Sternberg volle acht Tage gefeiert haben soll. Als der Bräutigam dann endlich eintraf, musste er wohl oder übel eine neue Hochzeit ausrichten.
Später reichte er eine Klage über 50 000 Taler gegen die Stadt Demmin beim fürstlichen Hofgericht in Wolgast ein. Herzog Bogislaw forderte beide Parteien am 9. Juli 1593 auf, „vor dem fürstlichen Wolgastischen Hofgericht zu Grypswalde" zu erscheinen. Wie dieser Streit zu Ende ging verraten die Akten im Demminer Ratsarchiv nicht. Ein Sprichwort sagt: „Wer die Schläge weg hat, muss sie auch behalten." So wird es auch Lepel ergangen sein, der zu seinem Schaden den entsprechenden Spott erhielt.

Das Luisentor und der Pulverturm überstanden den großen Stadtbrand 1945 fast unbeschädigt. Karl Trettin fotografierte 1945 die Turmstraße und fertigte nach dieser Fotografie ein Aquarell an.

HANDKOLORIERTE ANSICHTEN VON DEMMIN

Eine ganz eigene Geschichte

Blick vom Speicher über die Stadt auf die Kirche St. Bartholomaei

Aufnahmen rechte Seite von oben:
Haus am Mühlengraben; Lastkähne am Bollwerk; Dampfer „Werner" im Demminer Hafen; Schute am Ende des Richtgrabens; Gärten am Schwedenwallweg; Demminer Ulanendenkmal in den Tannen.

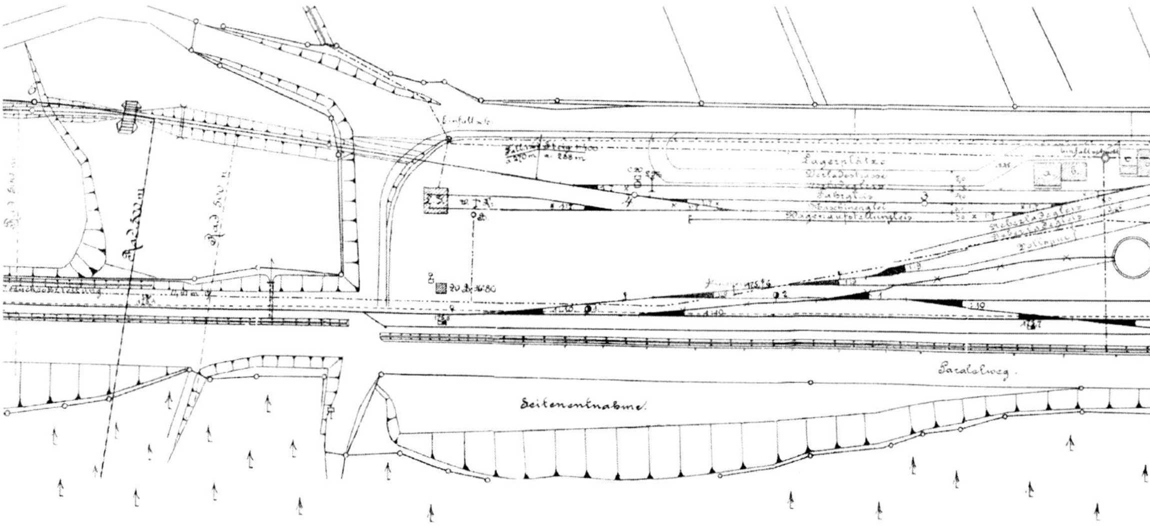

DER WETTLAUF DER „EISENBAHN-KOMITEES“

Demmin bekommt 1877 Bahnanschluss

Die Eisenbahnstrecke von Neubrandenburg nach Güstrow wurde im Jahr 1864 in Betrieb genom¬men. Damit war der Anschluss an die bereits bestehende Strecke Güstrow - Schwerin - Hamburg geschaffen. Auch für eine Nord-Süd¬-Verbindung gab es bald Interessenten. Trotzdem ging hier der Bahnbau ziemlich langsam voran. Erst 1866 konstituierte sich die „Berlin-Neustrelitz-Stralsunder-Eisenbahn-Gesellschaft“ und rief zur Aktienzeichnung auf. Der Stralsunder Kaufmann Kruse bereiste alle Städte, die an der zukünftigen Bahnlinie lagen, um sie für den Bahnbau zu gewinnen. Die Bausumme der geplanten Bahn war auf 22 Millionen Mark veranschlagt. Neben schlechter und betrügerischer Geschäftsführung in Berlin entstanden unvorhergesehene Schwierigkeiten beim Bau im Tollensetal. Der Bahndamm, der am Tage geschüttet war, verschwand über Nacht in Sumpf und Moor, und die Brücke über den Tollensefluss bei Neddemin senkte sich immer wieder. Mit dem Konkurs kam der Bahnbau für Jahre zum Erliegen. Nach etlichen Jahren bildete sich ein weiteres Komitee zur Herstellung der Bahn durch den Verkauf von Aktien. Die Stadt Demmin erklärte sich bereit für 25 000 Taler Stammaktien zu kaufen, allerdings unter der Bedingung, dass das Empfangsgebäude innerhalb einer Entfernung von 1418 Metern vom Rathaus erbaut werde. Es zeigte sich, dass das Komitee, dessen Zusammensetzung sich fortwährend änderte, nicht in der Lage war, den Bahnbau auszuführen. Demmin zog daraufhin sein Angebot zurück. Das "Demminer Tageblatt" informierte in etlichen Artikeln die Bürger über den "Wettlauf der Eisenbahn-Komitees".

Es bewegte sich jedoch erst etwas, als der preußische Staat sich der Sache annahm. Er kaufte alles bisher Entstandene auf und förderte von da an energisch den Bau der Nordbahn. Festgelegt wur-

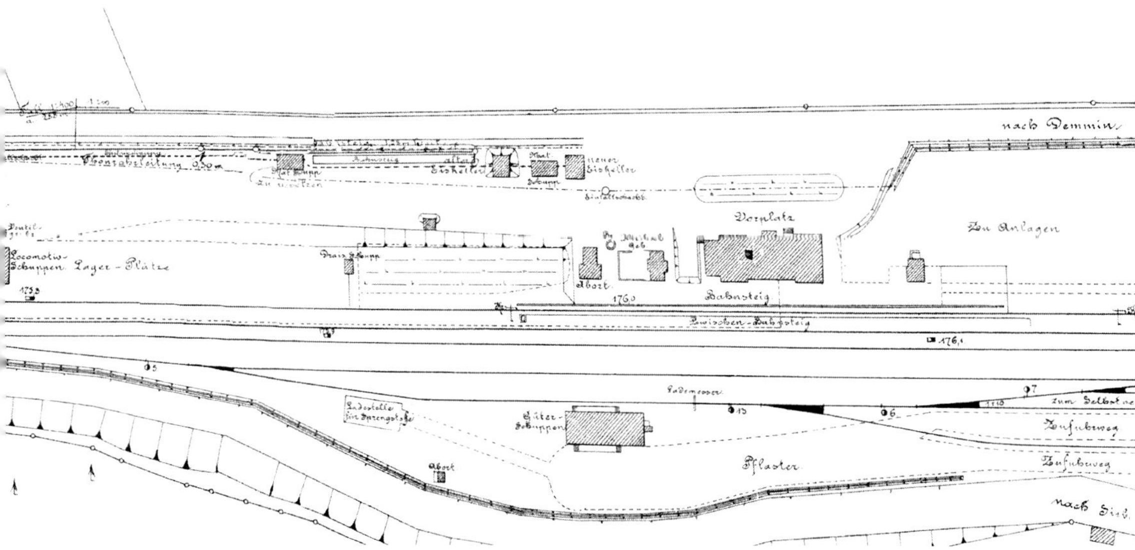

„Bahnhof Demmin, Anschluss-Strecke bis an die bereits landespolizeilich genehmigte Linie Station 13, Stettin d. 24. Oktober 1896" Quelle: Landesarchiv Greifswald (109/619)

de auch endgültig die Linienführung Berlin – Strelitz – Neubrandenburg – Treptow a. T. – Demmin – Stralsund.
So konnte am 10. Juli 1877 die Strecke bis Neubrandenburg, am 1. Oktober bis Demmin und am 1. Januar 1878 bis Stralsund eröffnet werden.
Die Linie gehörte mit Ausnahme des Bahnhofs Neubrandenburg zum Königlichen Eisenbahn Direktionsbezirk Berlin mit dem Königlichen Eisenbahnbetriebsamt in Stralsund. 1877 begann auch der Bau des Demminer Bahnhofes, den der erste Personenzug am 1. Dezember erreichte. Das „Demminer Wochenblatt" brachte am ersten Tag des Jahres 1878 die Nachricht: „Am 1. Januar wird die Strecke Demmin – Stralsund mit den Stationen Rakow, Grimmen, Elmenhorst und Stralsund für den Personen- und Güterverkehr eröffnet. Gleichzeitig tritt ein Fahrplan in Kraft, welcher an allen Billetverkaufsstellen zum Preise von 5 Pfennig per Exemplar zu haben ist."

Städte wie Demmin, die nun an der Staatsbahn lagen, hatten dadurch einen enormen Vorteil in ihrer weiteren Entwicklung. Es siedelte sich eine kleine Industrie an, die ihre Rohstoffe per Bahn deutschlandweit bezog und vor allem ihre Produkte ebenso vertreiben konnte. „Handelsreisende" hatten es nun wesentlich einfacher ihre Geschäfte in Stralsund oder in Berlin zu erledigen. Vertreter kamen mit der Bahn, fuhren vom Bahnhof mit der Droschke in die Stadt und logierten in Hotels und Pensionen. Die Bahn brachte vielen Bewohnern nicht nur Arbeit, sondern auch einen gewissen Wohlstand.
Es begann zudem sofort der Güterverkehr, für den die Nordbahn insgesamt 340 Güterwagen einsetzte. Dazu gehörten zwölf Gänse- und Hammelwagen und fünf bedeckte Wagen zum Transport von Luxuspferden. Personen- und Güterverkehr wuchsen so, dass das rollende Material in den nächsten Jahren erweitert

werden musste. Zur Bahnstation Demmin gehörten neben dem Bahnhof auch Lok-Behandlungsanlagen wie Kohlenbansen, Lokschuppen und Wasserturm. Sogar eine kleine Drehscheibe war im "Bahnbetriebswerk" zu finden. Die Bahn gab vielen Demminern Lohn und Brot. Sie arbeiteten als Lokomotivführer, -heizer, Eisenbahnsekretär, Zugführer und Weichensteller oder betreuten Reisende zum Beispiel am Fahrkartenschalter und im Bahnhofsrestaurant.
Das Aussehen des Demminer Bahnhofes hat sich im Laufe der vielen Jahre öfter geändert. Nahezu unverändert geblieben ist indes das recht große, aber zweckmäßige Grundgebäude - das Empfangsgebäude. Eine radikale Erneuerung erfuhr der Bahnhof 1936. Die Reichsbahndirektion Stettin stellte dafür eine bedeutende Geldsumme zur Verfügung.
Besonders der Direktor der Reichsbahndirektion Pauly sowie der Vorstand des Betriebsamtes Stralsund Hitzer setzten sich persönlich für den Demminer Staatsbahnhof ein. Der Vorplatz bekam eine neue Pflasterung. Zwischen dem Staats-

Das Demminer Bahnhofsgebäude auf einer Aufnahme um das Jahr 1885. Mittig vor dem Bahnhof angeordnet – der „Flügeltelegraph".

Um 1885 stand in der Bahnhofsmitte vor dem Dienstraum der Aufsicht der „Flügeltelegraph". Dieses Signal kündigte keine Ein- oder Ausfahrt, sondern nur den Begriff „freie Fahrt möglich" an. Das Halten eines Zuges schrieb der Fahrplan vor. Außerplanmäßiges Halten wurde dem Lokführer mittels Handsignal angezeigt. Erst mit der Einführung der Deutschen Signalordnung von 1892 wurden Bahnhöfe der Hauptbahnen mit vereinheitlichten Ein- und Ausfahrsignalen ausgerüstet.

bahnhof und dem der Kleinbahn wurden etliche Ziersträucher gepflanzt. Zu den Bahnhofsanlagen auf der anderen Seite wurde ein neuer Eingang geschaffen. Dies war der bekannte Konzertgarten des Bahnhofswirtes Ruschewey mit seinen hohen und breitastigen Bäumen. Den Haupteingang des Bahnhofsgebäudes überdachte man mit einem Bau auf zwei Stützen und legte neue Stufen an. Früher waren die Reisenden durch den Warteraum zum Bahnsteig gegangen. Dies wurde geändert. Fahrkartenschalter und Gepäckaufbewahrung lagen nun in einer Reihe, Reisende mussten nur noch die Sperre passieren, um auf den ebenfalls neu überdachten Bahnsteig zu gelangen. Bahnsteigsperren wurden in Deutschland um die Jahrhundertwende eingeführt. Vorher konnte man nach Herzenslust auf dem Bahnsteig wandeln, was auch die Demminer ausgiebig getan haben sollen. Neu gestaltet wurden auch die Aufenthaltsräume der Reisenden. Der Redakteur des "Demminer Tageblattes" besuchte die Räume und berichtete im Juli 1936: zunächst sind die alten Säulen ausgemerzt. An ihrer Stelle erhebt sich vierkantig eine rötlichgelbe Holzverkleidung, die praktischerweise zugleich zur Garderobe dient. Hinaufstreben diese Holzverkleidungen zur ruhig getäfelten grünen Decke, von der sechs große Kugellampen den ganzen Raum in helle Lichtflut tauchen. Grün ist die Grundfarbe des Wartesaales 2.Klasse. In der 3.Klasse geht eine helle Lichtfülle von einem großen Kronleuchter aus, abgestimmt auf wohlige Erholung die großquadrierte Wandtäfelung. Weiter ist ein anheimelnd wirkendes, intimes kleines Klubzimmer geschaffen worden." Dieses Zimmer war sicherlich den Reisenden der 1.Klasse vorbehalten.

Jeder bekommt den ersten Eindruck von einer Stadt auf dem Bahnhof – darüber war man sich im Rathaus einig.

Das Empfangsgebäude in Demmin im Jahr 1915.

Die Bahnhofstraße wurde gepflastert, es wurden an der Seite der Bahngärten Bäume gepflanzt. Auf der anderen Seite entstanden Häuser, die auch heute noch der Bahnhofsstraße ihr typisches Aussehen geben. Der schattige Park neben dem Bahnhof ist der motorisierten Konkurrenz der Bahn zum Opfer gefallen. Der Wasserturm wurde abgerissen, und die Tore des letzten, erhaltenen Lokschuppens sind sicher eingerostet.

„Demminer Tageblatt", 24 Juli 1936

Drehscheibe 1967

Lokschuppen 1969

Eine Rangierlok der Baureihe 89 7151 war zeitweilig in Demmin eingesetzt, wie die Aufnahme des Eisenbahnfotografen Carl Bellingrot von 1934 zeigt.

Dampflok 91 1692 auf dem Demminer Bahnhof. Foto: Günter Meyer, 1967

Ehemalige Werkbahn Demmin – Tutow am km 2,5 zwischen Eugenienberg und Tutow.
Foto: Günter Meyer, 28. Juni 1967

Ein ganz seltenes Motiv zeigt diese Aufnahme eines unbekannten Fotografen aus dem Jahr 1900. Im Hintergrund überquert die Staatsbahn Berlin – Stralsund auf einer doppelten Bogenbrücke die Tollense. Lastkähne am Ufer zeigen an, damals war die Tollense noch schiffbar. In der Bildmitte verläuft das Gleis der Demminer Kleinbahn Ost von Demmin kommend in Richtung Schmarsow. Am rechten Bildrand führt der neu angelegte Weg (verlängerte Bergstraße) zur Abdeckerei hinter den Sandbergtannen.

12 STOCK PRÜGEL FÜR EINEN SCHWARZARBEITER

Lange Geschichte der nicht legalen Arbeit

Das Thema Schwarzarbeit ist bei weitem nicht eine Erfindung der Neuzeit, sondern war schon in den Jahrhunderten davor ein sehr umstrittenes Verhalten in der Gesellschaft. Besonders seit dem Mittealter musste man der Schwarzarbeit mit geeigneten Mitteln entgegenwirken, da einige, vor allem handwerkliche Berufe, ihre Meister und deren Familien nicht mehr ernähren konnten. Einzelne Berufsgruppen taten sich zusammen und bildeten eine Zunft, die man später auch Innung nannte. Von den Innungen, die in der Stadt Demmin bestanden, ist sicher die Fischerinnung die älteste. Man geht davon aus, dass zur Zeit der Verleihung des Fischerei-Privilegs an die Stadt durch den Herzog von Pommern im Jahre 1292 die Fischerinnung bereits bestand. So stammte die älteste Urkunde, die die Fleischerinnung Demmin in ihrer Lade bewahrte, aus dem Jahre 1504, die der Müllerinnung von 1698 und die der Schuhmacher vom Jahre 1690.

Um sich vor der Schwarzarbeit zu schützen, führten die Innungen ständig Listen der Schwarzarbeiter in ihren jeweiligen Orten – die „schwarze Liste" entstand. Eines solcher Schwarzarbeiterverzeichnisse vom Jahre 1739 führte den Titel: „Spezifikation derer Pfuscher, so sich aufm Lande befinden und dem Rade- und Stellmacheramt in Demmin großen Abbruch in ihrer Nahrung tun." Im Einzelnen werden dann die Orte aufgeführt: „zu Cartlow unter von Heyden 1 Pfuscher, zu Sarow unter von Moltzahn 1 Pfuscher, zu Buschmühl unter von Walsleben 1 Pfuscher..." In seinem Innungsbezirk verzeichnete das Amt der Rade- und Stellmacher zu Demmin in jener Liste insgesamt 16 Pfuscher. Der Altermann der Innung, Jürgen Kloock, fügte diesem Verzeichnis noch hinzu: „Diese sind, die wir nur ungefähr wissen."

Die Pfuscher waren nie ordentlich ausgelernte Handwerker oder auch ungeprüfte Gesellen und Meister, die dadurch die Qualität der Arbeit in Frage stellten und vor allem die Löhne drückten. Sie arbeiteten in keiner Werkstatt, sondern scheuten das Licht des Tages und wirkten im Verborgenen. Die damaligen Soldaten, die schon während ihrer Militärzeit ein Handwerk zu erlernen hatten, durften dieses nicht eher betreiben, als bis sie in die Gesellen- oder Meisterrolle ihres Zunftzweiges aufgenommen waren. Das geschah aber immer erst nach der Entlassung vom Militär.

Im Jahre 1803 beschwerte sich die Demminer Schneiderinnung, dass einige Soldaten diese Bestimmung missachtet hätten. Die Innung forderte eine Bestrafung der Übeltäter und ein Verbot des Schneiderns für die Bürgerschaft der Hansestadt. Der Demminer Magistrat leitete diese Beschwerde weiter an den Kompaniechef des betreffenden Soldaten. Einige Tage später erhielt der „Hochwohllöbliche Demminer Magistrat" von Major von Polentz folgende Antwort: „Auf das gefällige Schreiben vom 10. des Monats ermangele ich nicht, mitzuteilen, wie ich den Invaliden Halle, welcher sich unterstanden, Schneiderhandwerk für seine Rechnung zu treiben, für dieses Mal mit 12 Stock Prügel habe abstrafen lassen, zugleich aber auch nebst den übrigen Invaliden, so das Schneidern erlernet, dahin verwarnet, dass, wenn sie sich ins Künftige beikommen ließen, die landesherrlichen Vorschriften zu übertreten, sie ohne Rücksicht mit doppelter Strafe belegt werden sollten." Von Polenz war wenig daran gelegen, sich das gute Verhältnis zum Magistrat durch einen Schwarzarbeiter zunichte machen zu lassen. Ganz anders jedoch reagierte im Jahre 1839 Hauptmann Bindheim auf ein ähnliches Schreiben vom Demminer Magistrat. Bindheim antwortete: „Auf das geehrte Anschreiben vom 5. d. Mts. inbetreff des Invaliden Musquetier Berggrün von meiner unterhabenen Kompanie, bei welchem Schneiderarbeiten zum Anfertigen vorgefunden ... dass nach Inhalt der Generalprivilegien und Gülde-Briefe aller Gewerke dies- und jenseits der Oder und Elbe verordnet worden, dass denen blessierten (verwundeten) und invaliden Soldaten sich mit ihrer erlernten Profession ehrlich zu ernähren frei stehen soll. Auf Grund dieser landesherrlichen Invaliden-Begnadigung werde ich dem Berggrün, welcher die Schneiderprofession erlernt hat, dieses Geschäft nicht untersagen, noch viel weniger bestrafen."

Bürgermeister und Rat der Stadt Demmin waren sehr „ungehalten" über die Antwort Bindheims und meinten, nach einigen Tagen intensiven Beratens, das beste Gegenargument gefunden zu haben. Nochmals ging ein „höchst offizielles" Schreiben an den Chef der Invalidenkompanie: „Die Stelle, wonach den abgedankten Soldaten die Schneiderprofession zu betreiben gestattet ist, ist auf die hiesige Innung nicht anzuwenden, weil diese Soldaten hier in Reih und Glied stehen. Invaliden, die dem Regimente noch obligat (verpflichtet) oder noch in einem Korps versammelt sind, werden als wirkliche Soldaten, alle andern aber als Verabschiedete angesehen." Es dauerte einige Tage, bis Hauptmann Bindheim dem Magistrat wie auch der Schneiderinnung eine Antwort zukommen ließ. Kurz und knapp hieß es darin, dass er den Leuten das Schneidern gänzlich untersagt habe. Damit war die Schneiderinnung zufrieden und die Klagen über Schwarzarbeit in der Garnison Demmin verstummten. Zwar tauchten in der Bürgerschaft immer mal wieder Schwarzarbeiter auf, die jedoch von den Innungen früher oder später gestellt und der Polizei zugeführt wurden.

Garnisonsoffiziere waren sichtlich um ein gutes Verhältnis zwischen Soldaten und Bürgern bemüht. Beide Seiten profitierten davon, was sich auch in einem regen Geschäftsleben widerspiegelte. Die Abbildung zeigt eine Postkarte vom Geschäft Max Reich in Demmin an A. Rühlemann, Stabstrompeter im 2. Pommerschen Ulanen Regiment Nr. 9, mit folgendem Text:

„Beifolgend übersende Ihnen gewünschte Bänder, wofür ich Betrag bereits empfangen habe. Bezüglich Ihrer werthen Anfrage offerieren Ihnen, dass der Meter Band für die Dienstauszeichnung I. Klasse in Breit 1,50 und Schmal 1,00 M kostet. Mit silbernen Streifen ist das Band für die Dienstauszeichnung nicht zu haben, silberne Streifen haben nur die Bänder einiger rumänischer Orden. Hochachtungsvoll Max Reich"

„Am Pommerschen Herd", Beilage zum „Demminer Tageblatt", 20. Februar 1938.

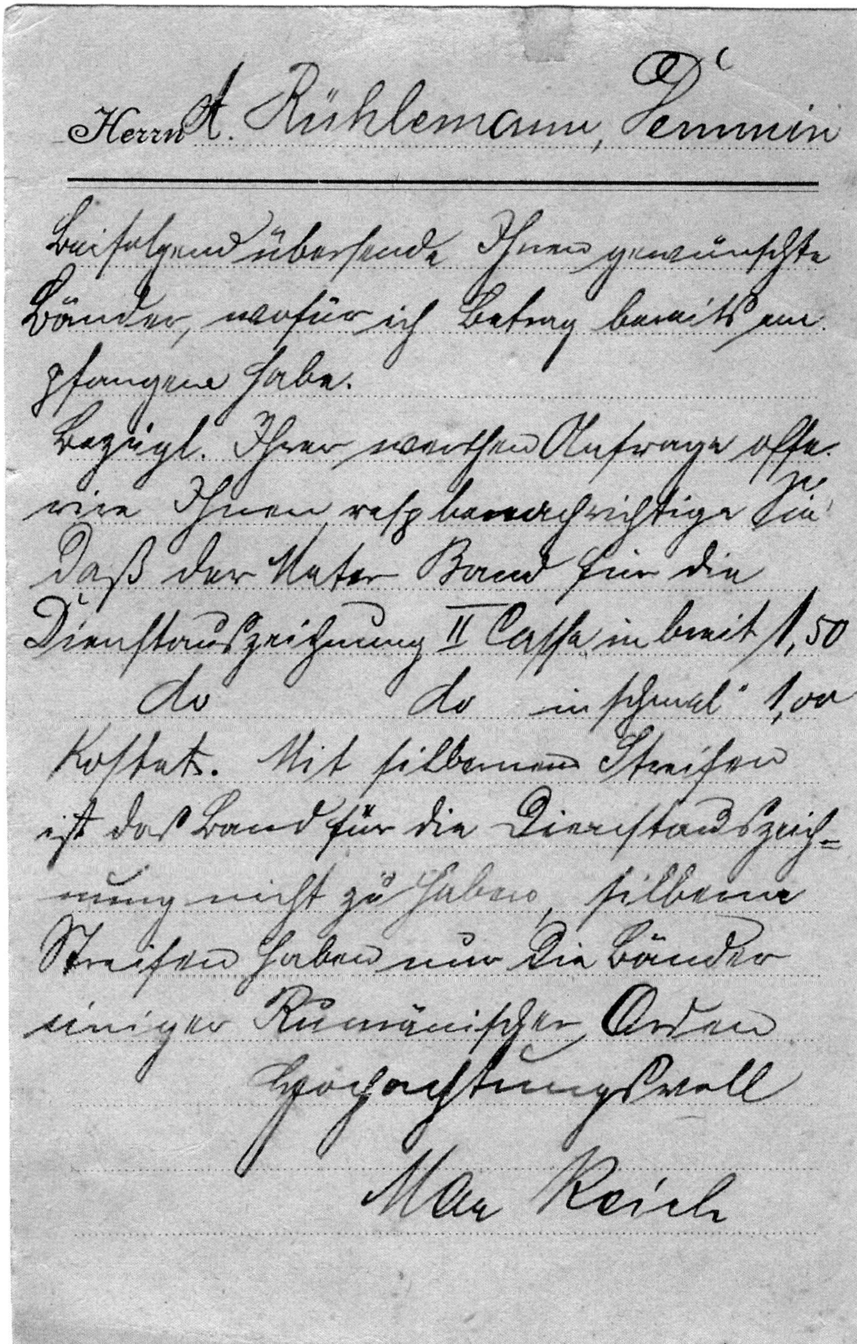

Herrn A. Rühlemann,

Beifolgend übersende Ihnen gewünschte Bänder, wofür ich Betrag bereits empfangen habe.
Bezügl. Ihrer werthen Anfrage offeriren wir Ihnen recht bereitwilligst zu, Daß der Meter Band für die Dienstauszeichnung II Classe in breit 1,50
do do in schmal 1,00
kostet. Mit silbernen Streifen ist das Band für die Dienstauszeichnung nicht zu haben, silberne Streifen haben nur die Bänder einiger Rumänischer Orden
Hochachtungsvoll
Max Reich

Postkarte (Soldatenbrief) des Geschäftes von Max Reich an den Stabstrompeter im 2. Pomm. Ulanen-Regt. No 9 A. Rühlemann.

HISTORISCHE ANSICHTEN

Marie und Johannes Voss

Die Aufnahme zeigt das Beamtenwohnhaus der Demminer Kleinbahnen in der Bahnhofstraße im Jahre 1940. Aus dem Fenster im Erdgeschoß schauen Marie und Johannes Voss. Als Oberbahnhofsvorsteher war Johannes Voss Urgestein der Kleinbahn und eine Institution in der Stadt.
Foto: Fritz Ethe, Demmin

Nach einer gründlichen Wäsche in der Werkstatt von Otto Krüger präsentiert Heinrich Müller stolz sein Auto vor dem Seitenausgang des Kinos.
Noch hängen keine Filmplakate in den Schaukästen und die Pflasterung davor ist noch nicht abgeschlossen. Trotzdem fotografierte der künftige Filmvorführer schon mal seine neue Arbeitsstelle. In den 1930er Jahren erfolgte der Umbau zum Filmeck. Heinrich Müller, Gastwirt des Hotels „Zum Hohenzollern“, ließ das Kino errichten.
Die Mädchen auf der Aufnahme sind Dorothea und Johanna Ewert. Beide wohnten über den Gasträumen des Hotels.

Die Badeanstalt am Mühlengraben. Im Hintergrund sieht man die Lagerhalle der Heu- und Strohgroßhandlung von Max Hellwig.

Demminer Badenixen 1928

Die Demminer Hafenbahn auf der Mühlengrabenbrücke nahe der Badeanstalt.

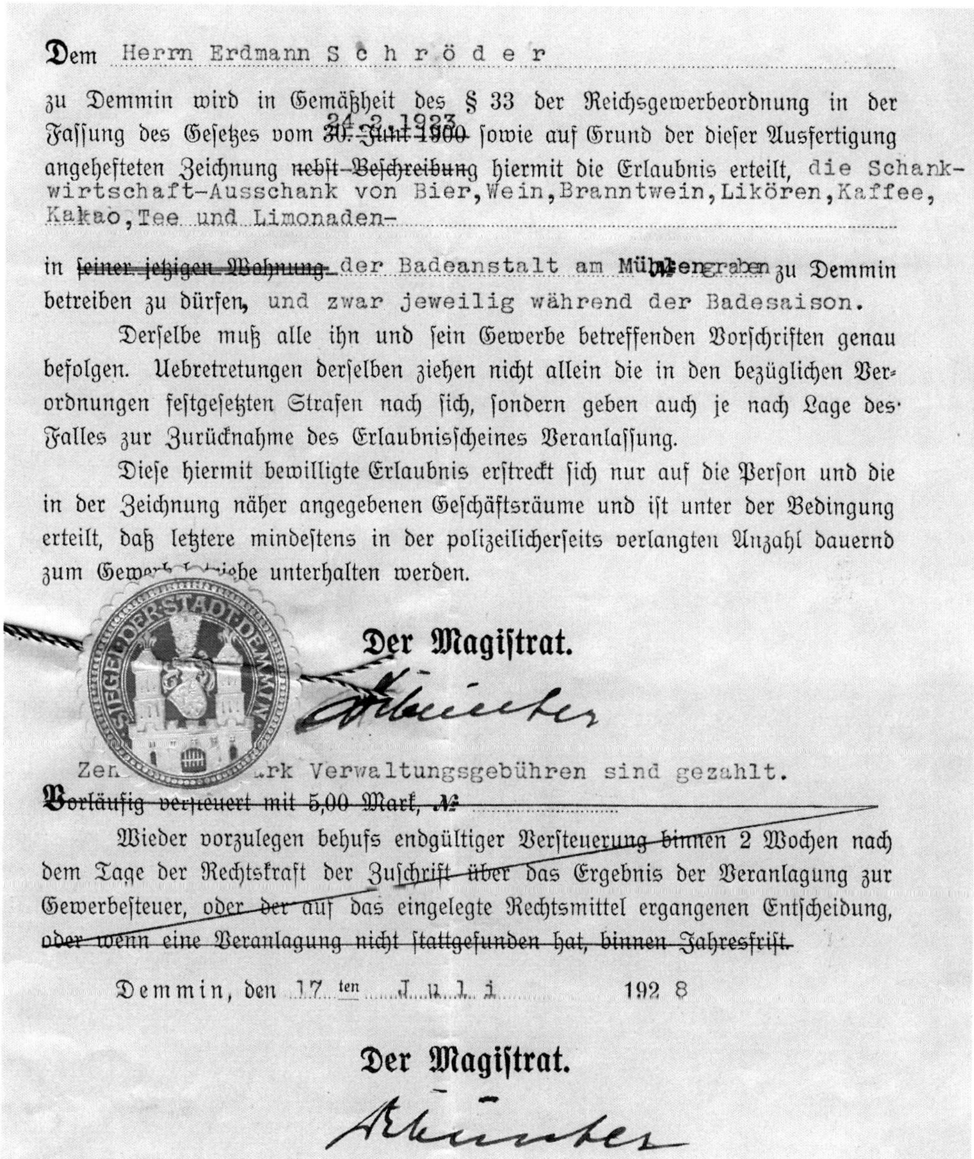

Dem Herrn Erdmann S c h r ö d e r

zu Demmin wird in Gemäßheit des § 33 der Reichsgewerbeordnung in der Fassung des Gesetzes vom ~~30. Juni 1900~~ 24.2.1923 sowie auf Grund der dieser Ausfertigung angehefteten Zeichnung ~~nebst Beschreibung~~ hiermit die Erlaubnis erteilt, die Schankwirtschaft-Ausschank von Bier, Wein, Branntwein, Likören, Kaffee, Kakao, Tee und Limonaden-

in ~~seiner jetzigen Wohnung~~ der Badeanstalt am Mühlengraben zu Demmin betreiben zu dürfen, und zwar jeweilig während der Badesaison.

Derselbe muß alle ihn und sein Gewerbe betreffenden Vorschriften genau befolgen. Uebretretungen derselben ziehen nicht allein die in den bezüglichen Verordnungen festgesetzten Strafen nach sich, sondern geben auch je nach Lage des Falles zur Zurücknahme des Erlaubnisscheines Veranlassung.

Diese hiermit bewilligte Erlaubnis erstreckt sich nur auf die Person und die in der Zeichnung näher angegebenen Geschäftsräume und ist unter der Bedingung erteilt, daß letztere mindestens in der polizeilicherseits verlangten Anzahl dauernd zum Gewerbebetriebe unterhalten werden.

Der Magistrat.

Zehn Mark Verwaltungsgebühren sind gezahlt.

~~Vorläufig versteuert mit 5,00 Mark, №~~

Wieder vorzulegen behufs endgültiger ~~Versteuerung binnen 2 Wochen nach dem Tage der Rechtskraft der Zuschrift über~~ das Ergebnis der Veranlagung zur Gewerbesteuer, ~~oder der auf~~ das eingelegte Rechtsmittel ergangenen Entscheidung, ~~oder wenn eine Veranlagung nicht stattgefunden hat, binnen Jahresfrist.~~

Demmin, den 17ten Juli 1928

Der Magistrat.

Vom Magistrat der Stadt Demmin wird Erdmann Schröder am 17. Juni 1928 die Erlaubnis erteilt den „Ausschank von Bier, Wein, Branntwein, Likören, Kaffee, Kakao, Tee und Limonaden" in der Badeanstalt am Mühlengraben zu betreiben. Das galt natürlich nur während der Badesaison. Für sechs Mark konnte man beim Bademeister eine Jahrskarte kaufen und acht Pfennige kostete die Tagesgebühr.

Auch die Bäckerinnung nahm mit einem Festwagen am Umzug zum 1. Mai 1935 teil. Der Fotograf stand damals auf dem Balkon über der Gaststätte „Zur Reichspost", gegenüber dem Zigarrengeschäft von Ernst Kohl. Daneben schützt der Bauzaun die Passanten vor dem Abriss des alten Gebäudes an der Ecke Mühlenstraße. An dieser Stelle ließ 1936 der Druckereibesitzer Dr. Wilhelm Gesellius das bekannte Gesellius-Haus errichten.

In der Anklamerstraße 14a wohnte 1924 unter anderem auch der Zahnarzt Dr. Ender.

Das imposante Gebäude in der Augustastraße 23 beherbergte die Kreissparkasse, Forstkasse, Landeskrankenkasse und in den oberen Räumen das Demminer Museum.

SCHEIBEN-SCHIESSEN ZU PFINGSTEN

Demminer priv. Schützengilde 1699

Das Wirken von Schützenverbänden, auch als Schützengilden, Schützenkompanie Schützenzunft, Schützenverein benannt, lässt sich über Jahrhunderte in der Geschichte vieler deutscher Städte belegen; so auch in der vorpommerschen Hansestadt Demmin.

Der Zweck der Schützengilde war in alter Zeit, die Mitglieder mit der Armbrust und später mit der Büchse auszubilden, um den Heimatort, die schützenden Mauern und Wälle, gegen Feinde zu verteidigen.

Nach dem Kämmereiregister der Stadt Demmin von 1544 befand sich der älteste Schützenplatz beim Nonnenbergstieg am Nonnenberg und hieß der Papagoynenbrink. Hier fand alljährlich um Pfingsten das Papagoynenschießen statt. Nach dem Nonnenberg stand eine hohe Stange, der Papagoynenbom genannt, an dessen Spitze bei Schützenfesten ein großer, phantastisch gestalteter, papageienartig bunter Vogel angebracht war, wonach dann geschossen wurde. Ganz in der Nähe befand sich auch der Eulenkrug, wo die Schützenbrüder und die Festteilnehmer ihren Durst stillen konnten. Zu Anfang des Dreißigjährigen Krieges (1618-1648) gab die Gilde diesen Platz auf. Die Stadt wurde mit etlichen Bastionen und starken Wällen umgeben und zu einer Festung ausgebaut. Der Schiessplatz befand sich nun auf dem Kuhwall, wo die Oberwallstraße und Burgstraße lagen. Im Laufe der Kriegsereignisse stellten die Schützen jedoch ihre Aktivitäten gänzlich ein. Abwechselnd nahmen schwedische und brandenburgische Besatzer die Stadt ein und die Demminer weigerten sich entschieden die jeweils Herrschenden bei der Verteidigung zu unterstützen.

Mit dem Ende des Dreißigjährigen Krieges und dem Aussterben des Geschlechts der Pommernherzöge wurde Demmin 1648 schwedisch. Die Schweden nahmen von da an starken Einfluss auf Politik, Wirtschaft und vor allem auf das gesellschaftliche Leben in Vorpommern. Schon im Jahre 1697 gab es wieder eine „Schützen-Compagnie“. Diese bestand hauptsächlich aus einflussreichen und wieder zu Wohlstand gekommenen Handwerkern und Gewerbetreibenden.

Im Jahre 1699 erhielt die Demminer Gilde offiziell ihr Privilegium durch den Schwedenkönig Karl XII., das später auch durch den Preußenkönig bestätigt wurde. Man empfand dieses Privileg für die Gilde als ein großes Gnadengeschenk, das über die Jahrhunderte hoch geschätzt wurde. Nicht unbedingt der gleichen Meinung war der Demminer Chronist Pastor Carl Stolle. Dieser schrieb 1772 über die Gilde: „Nach dem Vogel oder der Scheibe zu schießen ist eine alte Gewohnheit. In denen Zeiten da die Bürger noch eine Festung und die Wälle verteidigen mussten, konnte einiger Nutzen zum Scharf-Schießen entstehen. Heute fällt der angebliche Nutzen dahin. Wenn nur nicht so viele Ausschweifungen dabei vorgehen möchten! Hier gehet das Scheiben-Schießen alle Jahre in der Pfingst-Woche vor sich, welche wohl besser zu Gottes Ehren angewandt werden könnte.“

Stolle berichtete aber auch über die „weltliche Praktika der Gilde“:

„Ein jeglicher Schützen-Bruder trägt jährlich zu den Kosten beim Scheiben-Schie-

Das 1851 eingeweihte Gesellschaftshaus im Devener Holz auf einer Ansichtskarte aus dem Jahr 1900.

Gasthof Altes Schützenhaus um 1890

ßen acht Groschen und sechs Pfennige bei. Wer zunächst am Centro trifft, wird Schützenkönig und bekömmt einen silbernen Becher, etwa acht Taler an Wert. Wer auf selbigen folget einen silbernen Löffel und der dritte zinnerne Schüsseln. Außerdem hat der Schützen-König noch eine Wiese an dem Weg nach Vorwerk linker Hand an die Tollense stoßend, die er selbst nutzen oder an andere für 16 Taler vermieten kann. Er bekommt aus der Kämmerei der Stadt zehn Taler und ist frei von Einquartierung und der Service (Beköstigung). Bey dem allen wird doch der Vorteil so besonders groß nicht seyn können, weil er geben muss bey seiner Einführung denen Deputirten Magistrats Personen, den Officiern der Compagnie auf den Keller Wein, der ihn zu Hause begleitende Schützen-Compagnie Bier und Brantewein und alles übers Jahr, da er als EX REX wieder ausgeführet wird."

Die ersten Aufzeichnungen bzw. Protokolle der „Demminer priv. Schützengilde 1699" stammen von 1707. Als erster Altermann zeichnete Johann von Essen, der aus einem schwedischen Adelsgeschlecht stammte. Altermänner wurden durch die Gilde gewählt und durch den Rat und Bürgermeister der Stadt bestätigt. Als weitere Altermänner werden Jürgen Fleischer und Hinrich Alsert genannt. Peter Ludendorff und Jürgen Amtsberg wurden Schaffer, Jacob Schimmel Fähnrich. 1727 wird als neuer Altermann Friedrich Engelbrecht gewählt und der Kaufmann Johann Lobeck fungierte als Fähnrich. Neu in die Gilde aufgenommen wurde in dem Jahr auch der Kellerwirt des Demminer Rathauses Thomas Forch. 1743 schenkten die beiden Alterleute Hübschmann und Altwart der Gilde eine Lade.

1762 wurde auf Befehl des Königs Friedrich II. die Befestigung der Stadt Demmin abgetragen. Dadurch erhielt die Gilde einen neuen Schießplatz, und zwar vor dem Torschreiberhaus in der damaligen Heilgeiststraße 13, dicht an der Südmauer. Kurze Zeit später wurde der Gilde von der Stadt ein Schießplatz an der Stelle des Alten Schützenhauses angewiesen. 1847 beantragten die Alterleute Gesellius und Schünemann eine Uniformierung der Schützen. Mit schwarzem Waffenrock, dunkelgrünen Samtkragen mit Aufschlag, Hut und Federschmuck zeigten sich Schützen stolz den Demminern auf den alljährlich statt findenden Schützenfesten. Ganz Demmin war auf den Beinen als 1851 das erste Provinzialschützenfest in Demmin stattfand und aus diesem Anlass das neue Gesellschaftshaus im Devener Holz eingeweiht wurde. Der Schützenwirt bewirtete an diesem Tag 145 Schützen und vier Ehrengäste, ungezählt dabei blieben Hunderte von Demminern und deren Gäste. Alle Pensionen und Hotels der Stadt waren restlos ausgebucht.

Vom 7. Bis 12. Juni 1899 feierte man das 200-jährige Jubiläum der Schützengilde und nur ein Jahr später fand das Bundesschießen des Provinzial-Schützenbundes für Pommern und Rügen in Demmin statt. Begrüßt wurden die Schützen von den Alterleuten Schlächtermeister Kasch, Bäckermeister Neumann, Seilermeister Westphal, Gastwirt Wulff und Konditor Rabe.

Im Jahre 1912, beim Provinzial-Schützenfest in Demmin, wurde dem Bundesvorsitzenden auf Stiftungsinitiative der Demminer privilegierten Gilde eine Amtskette überreicht, welche mit 13 Wappenschilden und einem Widmungsschild versehen war. Sie trug die Stadtwappen und Gründungsdaten der Bundesgilden, welche zu dem Zeitpunkt Mitglied waren.

Den vielen Gästen zum Schützenfest im Devener Holz bot man ein vielfältiges Programm an Unterhaltung. So gab es 1908 neben dem großen Schützenzelt eine Tunnelfahrt für Radfahrer und der Demminer Kinobesitzer Wilhelm Feindt errichtete einen „Kinematograph" auf dem Festplatz.

Der Verein „Demminer Schützengilde 1699 e. V." besteht heute aus 121 Schützen, davon 13 Kinder. Die Schießhalle umfasst neun Schützenstände (Entfernung 50 Meter) und fünf Schützenstände (Entfernung 25 Meter) und ein eigener Vereinsraum bietet den Mitgliedern und ihren Gästen ein angenehmes Ambiente.

www.schuetzengilde-demmin.de

Anlässlich der 200-Jahrfeier der Schützengilde 1899 gestaltete der Demminer Zeichenlehrer Alfred Wend diese Jubiläums-Postkarte.

Eine Abordnung des Schützenvereins aus Grimmen auf dem Weg ins Devener Holzes.

Linke Seite:
Herbstlicher Spaziergang am Gesellschaftshaus im Devener Holz 1928.

DEMMINS ST. BARTHOLOMAEI

Die Stadtkirche gehört zu den großen Sakralbauten im vorpommerschen Raum

Man kann aus allen Richtungen nach Demmin kommen, schon von weitem sieht man den Turm der St. Bartholomaei Kirche. Neben dem Luisentor, dem letzten erhaltenen Stadttor, überragt diese Kirche mit ihrem massigen Schiff und dem hohen schlanken Turm bis heute das Bild der alten Hansestadt. Sie gehört damit zu den großen Sakralbauten im vorpommerschen Raum. Der Name der Kirche geht zurück auf den Apostel Bartholomaeus, den eingewanderte sächsische Kolonisten als Schutzpatron ihrer Zünfte verehrten.

Ein nachweislich genaues Datum zum Bau der Kirche gibt es nicht. Man nimmt an, dass sie gleich nach der Einführung des Christentums in Pommern um 1128 von den Einwohnern selbst in einfachster Holzbauweise errichtet worden war. Schon 1164, beim Kriegszug Heinrich des Löwen gegen die Herzöge von Pommern, wurde die Stadt und damit sicherlich auch die Kirche ein Raub der Flammen - ein Umstand, welcher sich noch oft wiederholen sollte.

Mit Hilfe besagter sächsischer Kolonisten wurde St. Bartholomaei vermutlich um das Jahr 1200 „aus gebrannten Steinen“ auf einem Fundament von großen gehauenen Quadersteinen neu errichtet. Zu den ältesten Bauteilen gehören heute das westliche Joch und das Turmgeschoss. Die wohlhabenden Bürger der damals aufstrebenden Stadt stifteten ihrer Kirche neben dem Hauptaltar eine ganze Anzahl von Nebenaltären und dotierten sie oft mit ansehnlichen Summen. So stiftete Bernhard von Schwetzin 1359 zu Ehren der Jungfrau Maria und der Apostel einen Altar und setzte dafür eine jährliche Summe von 300 Mark Demminscher Münze aus. Im Jahre 1570 stiftete der Rat der Stadt eine neue Orgel, die der Orgelbauer Meister Fabian aufstellte.

Schlimme Zeiten brachen dann im zweiten Drittel des Dreißigjährigen Krieges (1618–1648) über Demmin herein. Die Kirche wurde teilweise zerstört. Kaum war der Kirchturm wieder aufgebaut und mit Blei gedeckt worden, kam es wieder zur Zerstörung. Die Brandenburger und die Kaiserlichen belagerten im November 1659 die zur Festung ausgebaute Stadt. Der Kommandant Demmins, der schwedische Oberst Heinrich von Bincken, ließ den mit Blei deckten Kirchturm „entblößen“ und das Blei zu Musketenkugeln gießen. Durch die Feuer-Mörser der Belagerer wurden viele große Steine in die Stadt geworfen, die schließlich das Dach und die Gewölbe der Kirche zerschmetterten.

Im Jahre 1676 kam es dann zur völligen Zerstörung von St. Bartholomaei. Brandenburger und Kaiserliche beschossen die Stadt und besonders die Kirche heftig. Ein Ratsmitglied schrieb später: „Auch die Hauptkirche St. Bartholomaei absonderlich in Asche zu legen, zeigte der Feind sich äußerst beflissen“. Der samt dem Turm herunterstürzende brennende Dachstuhl zerstörte das Gewölbe der ganzen Kirche, so dass nur die Umfassungsmauern und Stützpfeiler stehen blieben. Zerborsten waren alle 7 Glocken, und die kostbare Kirchenbibliothek ging in Flammen auf.

Viele Jahre blieb die Kirche eine Ruine. Es fehlte an Baumaterial, Geld, vor allem aber an Willenskraft der wenigen Einwohner nach den vielen Kriegsjahren.

Erster Schritt zum Wiederaufbau sollte eine Kollekte bilden, die beim Großen Kurfürsten beantragt und genehmigt wurde. Zwei Abgesandte reisten 1684 von Berlin aus durch ganz Pommern, hatten aber bei ihrer Mission keine sehr glückliche Hand. Den 217 eingebrachten Reichstalern standen Ausgaben für Wagen, Briefpost und Wegzehrung von 325 Reichstalern gegenüber. Erst eine zweite Kollekte, unter anderem in Rostock, Wismar, Lübeck, Hamburg und sogar in Frankfurt am Main, erbrachte die benötigten Mittel zum Beginn der Arbeiten. Im Rathaus wurde dazu vermerkt: „Hamburg gab mit 1017 Reichstalern am meisten". Das Eichenholz kam aus den stadteigenen Waldungen, das Fichtenholz aus Torgelow, Dachpfannen aus Anklam, Nägel aus Greifswald und die Ziegel aus den umliegenden Ziegelwerken – St. Bartholomaei wurde wieder neu errichtet. Der ehemals gotische Baustil der Kirche wurde dabei jedoch fast gänzlich außer Acht gelassen – gut ersichtlich am Turm mit seiner barocken Haube. Im Jahre 1689 waren die Bauarbeiten soweit abgeschlossen, dass man die Kirche feierlich einweihen konnte. Aber noch mehr als vierzig Jahre dauerte es, bis die Kirche zu einem Deckengewölbe kam. Dieses allerdings wurde stilecht als Kreuzrippengewölbe von dem Maurermeister Gottschalk aus Greifswald ausgeführt und ist noch heute teilweise im Originalzustand zu bewundern. Eine durchgreifende Instandsetzung und Umgestaltung geschah nach Schinkel-Plänen in den Jahren 1856 bis 1867 durch Friedrich August Stüler und Bartholomäus Weber. Das bedeutendste Ergebnis der Erneuerung war der neue, hoch aufragende, völlig aus Ziegelsteinen gemauerte Turm. Die alte Turmspitze wurde gänzlich abge-

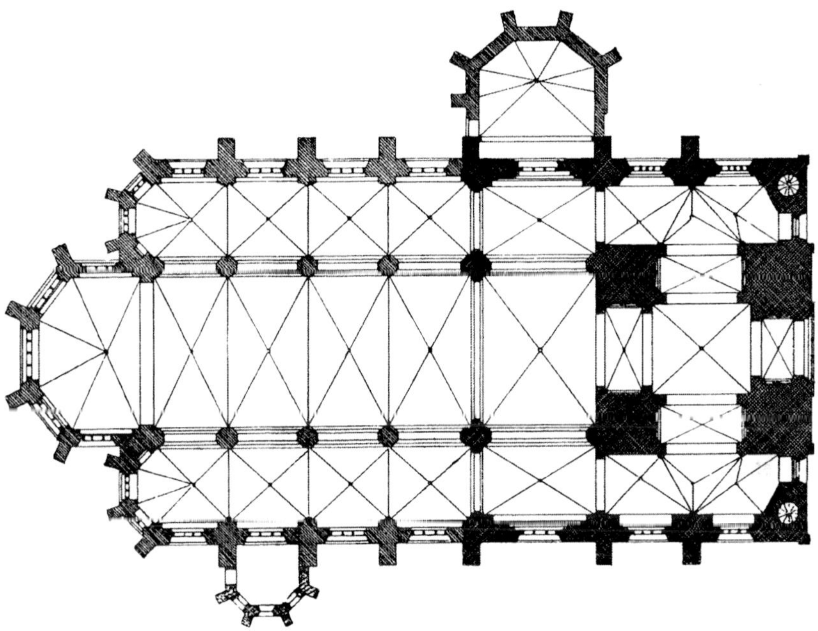

Grundriss der Stadtkirche

nommen und das aus dem Dach der Kirche aufragende Mauerwerk mit gotischen Fensterblenden und Schallöffnungen an allen vier Seiten ornamentiert. Den 92,5 m hohe Turm flankieren vier achteckige gotische Türmchen, die durch eine durchbrochene Galerie verbunden sind. Aus diesen Türmchen heraus erhebt sich der schlanke Turm. Reich gegliedert bietet er mit seinen hohen Durchbrüchen ein ungewöhnliches, einmaliges Bild in Norddeutschland und zählt zu den interessantesten Baudenkmälern des 19. Jahrhunderts.

Heute bemühen sich, neben der Hansestadt, zahlreiche Vereine aber auch Privatpersonen um den Erhalt von St. Bartholomaei. Zwischen 1989 und 2001 wurden der Turm komplett repariert, der Ostgiebel instand gesetzt und das Dach neu eingedeckt. Ebenfalls seit 2001 hat die Kirche ein neues Geläut mit fünf Bronze-Glocken. Die Marienglocke mit einem Gewicht von 3600 Kilogramm ist die größte, für Vorpommern gegossene Glocke nach 1945. Im Jahre 2002 fand auch die Restauration der berühmten Buchholz-Grüneberg-Orgel ihren Abschluss. 1818 von Buchholz, Berlin, gebaut und 1866 von Grüneberg, Stettin, erweitert, gehört sie zu den herausragenden Beispielen des Orgelbaus der Romantik im norddeutschen Raum.

Karl Goetze, Geschichte der Stadt Demmin, 1903

Die Aufnahme auf der linken Seite machte der bekannte Demminer Fotograf Bruno Heiser zum Stadtjubiläum 1936.

St. Bartholomaei – Blick auf den Altar, Aufnahme 1957

St. Bartholomaei – Blick zur Orgel, Aufnahme 1982

„DEM NÄCHSTEN ZUR WEHR“

140 Jahre Demminer Freiwillige Feuerwehr

Demmin hat früher zahlreiche, oft katastrophale Feuersbrünste erlebt. Die Bauart der Häuser, lehmgestaktes Fachwerk mit Stroh- oder Holzschindeldach, begünstigte das rasche Ausbreiten. Besonders von 1676 bis 1684 wurde die Stadt Opfer verheerender Brände. Neben den durch viele Belagerungen entstandenen Bränden war es auch immer wieder Leichtsinn, der sie auslöste.

So schoss denn auch ein „ruchloser Tambour“ am 15. Mai 1684 nach einem Vogel, der auf einem Strohdach saß. Das Gebäude fing Feuer, bald standen 45 Häuser in Flammen, darunter Rathaus und Schule.
Ausgebildete Löschmannschaften gab es damals nicht und jeder Bürger hatte die Pflicht durch Hand- oder Spanndienste bei der Bekämpfung des Feuers zu helfen. Erst im Jahre 1766, die Stadt war inzwischen preußisch geworden, gab der Magistrat von Demmin ein „Feuer-Reglement“ in Druck. Dieses wurde jedem Hauswirt und Mieter ausgehändigt. In der Zeit wurden auch die ersten „Feuer-Geräte“ angeschafft.
Die Stadt besaß drei einfache Spritzen und eine moderne Schlangenspritze, etliche Feuerleitern und Feuerhaken. Schon bei schwülem Wetter und möglichem Gewitter brachte man die Spritzen auf den Marktplatz. Laut Verordnung hatte nun jeder Hauswirt die Pflicht, gefüllte Wasserkübel vor sein Haus zu stellen. Bei den 10 öffentlichen Brunnen stand je ein großer Wasserkübel. In den Häusern mussten unbedingt eine Handspritze und ein lederner Eimer vorhanden sein. Alle vier Monate gab es in jedem Haus eine „Visitation“ durch einen Offizier der Garnison, einem Ratsherrn, Maurer, Zimmermann und Schornsteinfeger. Ebenfalls gab es eine genaue Beschreibung, die bei Gefahr einzuhalten war, damit „einer den andern nicht irre noch hindere“. Es wurden Personen bestimmt, die einzelne „Feuer-Instrumente“ zu bedienen hatten und es wurde ebenfalls festgelegt an welchen Brunnen sich die einzelnen Personen einzufinden hatten.
Schon früher hatte die Zunft der Träger eine bestimmte Aufgabe bei Feueralarm zu erfüllen. Ihre Mitglieder mussten das Löschwasser in großen Bütten herbeischaffen. Auch dieses wurde nun festgeschrieben. Jedem Ratsherrn unterstand ein festgelegter Stadtteil, für den er verantwortlich war.

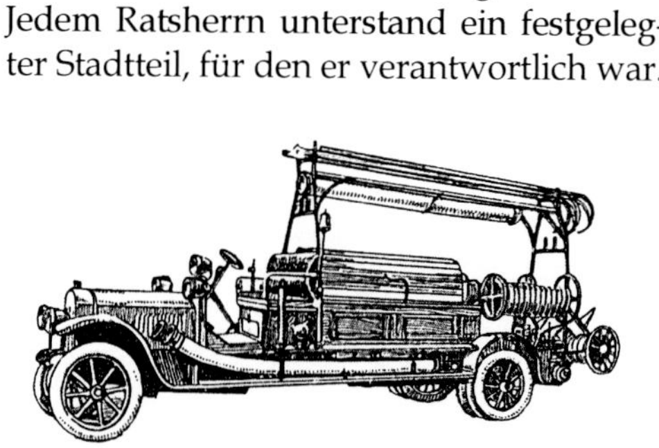

Um nach einem Brand gewissermaßen abrechnen zu können, wer zu spät gekommen oder ganz ausgeblieben war, erfand man die so genannten Blechnummern. Jeder Hauswirt und jeder zuvor eingeteilte

Bürger besaß eine kleine Blechmarke. Bei Feueralarm musste die „blecherne Nummer" dem verantwortlichen Ratsherrn persönlich übergeben werden. Alle diese Maßnahmen konnten jedoch die sich immer wiederholenden Großbrände nicht verhindern. Man war sich dann einig – die Stadt brauchte eine „disziplinierte Löschmannschaft", eine freiwillige Feuerwehr.

Auf der Generalversammlung des Turnvereins am 3. Mai 1869 regte der Vorsitzende des Vereins, Zimmermeister Gießmann, die Gründung einer Freiwilligen Turnerfeuerwehr an. Ihr traten sofort 28 Turner bei. Nach den Unterlagen war die Demminer Freiwillige Feuerwehr die erste, die damals in der Provinz Pommern gegründet wurde. Eher bescheiden sah die erste Ausrüstung aus. Neben einer Spritze gab es einen zwei- und vierrädrigen Wasserwagen, zwölf Feuereimer und etwa 100 Meter Schlauch. Dazu konnten vorerst nur fünf Männern mit Uniformen (schlichte Leinenblusen) ausgestattet werden. Jahre später gab es Tuchröcke und Helme, schließlich setzte sich 1911 eine einheitliche Uniform durch. 1870 bekam die Wehr neben einer weiteren Spritze ein neuartiges Gerät. Zimmermeister Gießmann konstruierte eine „zweiteilige, fahrbare, mechanische Ausschiebeleiter von 12 Meter Höhe". Sie wurde zum Grundmodell für alle späteren Leitersysteme. Noch im Gründungsjahr erhielt die Wehr ihre Feuertaufe beim Brand des Proviantmagazins. Es sollten noch viele Einsätze folgen. Das klappte natürlich nicht immer. So brannte 1887 das Kossowsche Haus (Bonbonfabrik am Markt). Eine Magd, die wohl ihr Geld retten wollte, lief noch einmal in das brennende Gebäude. Man fand sie später, erstickt im Rauch vor ihrer Kommode. Zwei Jahre darauf wurde bei grimmiger Kälte der Brand des Malkewitschen Hauses (gegenüber der Mädchenschule) bekämpft. Die gesamte Nachbarschaft schaffte in Kübeln und Eimern heißes Wasser zum Auftauen der Spritzen herbei. Die Zeitung berichtete am nächsten Tag: „Nach dem Löschen wurden die Schläuche wie Stangen fortgetragen". Getreu dem Wahlspruch „Gott zur Ehr, dem Nächsten zur Wehr" ließen sich die Kameraden der Feuerwehr nicht verdrießen. Sie hielten monatlich ihre Übungen ab, und ihre Mitglieder erschienen zu jedem Brand fast vollzählig. Militärisch streng ist es

Zimmermeister Gießmann war Mitbegründer der Freiwilligen Feuerwehr Demmin.

damals gewesen. Exerzieren an der Spritze und mit der Strebenleiter war Schwerpunkt der Übungen. Diese wurden sonntags auf dem Markt vor den Demminern vorgeführt – jeder sollte mit Stolz auf die mutigen Demminer blicken. Allen vor stand als Stadtbrandmeister Zimmermeister Gießmann.

Herausgeber dieser Ansichtskarte war der Verlag Franz Schmidt, Photogr. Atelier, Demmin 1904.

Das Feuerwehrgebäude im Jahr 1940.

Besonderes Augenmerk legte man auch auf die Weiterbildung. 1894 war der erste Samariterkurs für Hilfeleistungen bei Unfällen, und ab 1902 fanden an der Landwirtschaftlichen Winterschule Kurse für Feuerlöschwesen statt. 1897 wurde an der Stelle der alten Knabenschule am Klinkenberg das neue Wehrgebäude mit acht Toren der Freiwilligen Feuerwehr übergeben. Drei Spritzen, davon eine Stadtspritze mit Schlauchanhängerwagen, ein Mannschaftswagen, etliche Leitern und reichhaltiges Schlauchmaterial gehörten damals zur Ausrüstung. Überhaupt gab es Anfang des 20. Jahrhunderts viele Neuerungen: 1907 erhielten die Oberführer und zehn Hornisten in ihren Wohnungen elektrische Feuermelder. Die Zentrale lag beim Zugführer Eduard Müller, der als einer der Ersten in der Hansestadt einen Telefonanschluß bekam. Eine wesentliche Erleichterung der Löscharbeiten stellte auch der schon 1898 begonnene Bau der Wasserleitung mit Unterflurhydranten dar. Später wurden diese in praktischere Oberflurhydranten umgebaut. Die Zeit zwischen den Weltkriegen brachte für das Feuerwehrwesen große Veränderungen. Positiv war die umfassende Ausbildung zum Einheitsfeuerwehrmann.

Einen Aufschwung erlebte die Demminer Wehr durch die Anschaffung eines ersten motorisierten Fahrzeugs, eines leichten Lösch-Gruppenfahrzeuges. Vorbei waren die Zeiten der Pferdespritzen.

Der Zweite Weltkrieg machte wieder alle Anstrengungen zunichte. Die vom nationalsozialistischen Staat verfügte Gleichschaltung aller Wehren führte zur argen Beschneidung der Befugnisse. Dazu kam, dass Parteibelange oft höher gewertet wurden als der Löschdienst. So war es nicht verwunderlich, dass beim Einmarsch der Sowjettruppen die Führer der Demminer Wehr mit den Feuerwehrfahrzeugen gen Westen flüchteten. Der Krieg war vorbei, alles lag am Boden, auch das Feuerwehrwesen. Zu dieser Zeit wieder eine Uniform anziehen, und sich in einer Organisation eingliedern – das wollten viele nicht.

Egon Wilk, der auch während des Krieges Mitglied der Freiwilligen Feuerwehr war, übernahm die Leitung und wagte einen Neuanfang. So begann wieder eine stetige Aufwärtsentwicklung der Wehr. Junge Kameraden wurden gewonnen, es fand ein regelmäßiger Dienstbetrieb mit Schulungen und Übungen statt. Unter Leitung von Wehrführer Bruno Weisner bestand die Freiwillige Feuerwehr Demmin 1949 aus 25 Mann. Man gründete eine Berufsfeuerwehr. Verdiente Kameraden übernahmen in den nächsten Jahren die Leitung der Wehr: 1967 Alfred Dinse, 1983 Hans Schmolling, 1991 Siegfried Fedrau und 1999 Hans Schmolling. Gegenwärtig zählt die Freiwillige Feuerwehr der Hansestadt Demmin unter Wehrleiter Thomas Rohleder 55 aktive Mitglieder, 14 Mitglieder in der Jugendfeuerwehr und 24 Ehrenmitglieder. Neben technischen Geräten, wie Druckluftatemgeräten und Funkmeldeempfängern, verfügt sie über einen gut ausgerüsteten Fahrzeugpark. Am 3. Mai 2009 feierte die Freiwillige Feuerwehr der Hansestadt Demmin ihr 140-jähriges Bestehen.

Es sind nicht so sehr die technischen Neuheiten, die uns ruhig schlafen lassen. Es ist immer noch der Mensch, der jeder Zeit bereit ist, in Not geratene Mitbürger aus dem Rauch, dem Feuer und vor anderen Katastrophen zu retten.

Beiblatt zum „Demminer Tageblatt“, 31. Dezember 1931

EINE STADT ALS HERZOGLICHE PFERDELIEFERANTIN

Der „Stoten“ bei Demmin

Stuterhof ist heute ein Stadtteil der Hansestadt Demmin. Bereits im 16. Jahrhundert war der „Stoten“ (Stuthof) besonders bei den Pommerschen Herzögen sehr gefragt.

„An dem ist aber, dass uns der ehrbare unser lieber, getreuer Hartwig Maltzan einen guten Gaul, so ihm 67 Gulden stehet, hat zustellen lassen, welche wir ihm noch nicht bezahlt. Gesinnen derowegen ganz gnädiglich, ihm von unsertwegen das Geld dazu zu entrichten. Das sind wir in Gnaden zu erkennen geneigt.“

Dieses eigenhändige Schreiben mit dem Datum vom 30. April erreichte den Magistrat der Stadt Demmin im Jahre 1569. Absender war kein geringerer als Herzog Barnim (der Jüngere) von Pommern-Stettin. Nach heutigen Begriffen erscheint uns dieser „Wunsch“ ein bisschen unverfroren und hätte sicher eine dementsprechende Antwort zur Folge gehabt. Anders jedoch in jener Zeit, in der vor allem reichere Städte und Herzöge in einer gewissen Abhängigkeit zueinander standen. Die Städte brauchten von den Herzögen die Bestätigungen ihrer Privilegien und Rechte, während wiederum die Steuern und Abgaben für die herzogliche Hofhaltung unabdingbar waren.

Schon im 13. Jahrhundert lag südlich der Stadt Demmin der Poggenkrug, ein Gasthof der seit 1304 durch die Predigermönche des Stralsunder Katharinenklosters betrieben wurde. 1322 befand sich hier ein St.-Georgs-Hospital mit einer St.-Jürgen-Kapelle. Für ein Kreuz, dem wundertätige Eigenschaften zugesprochen wurden, erfolgte 1325 oder 1326 unmittelbar neben der St.-Jürgen-Kapelle die Errichtung einer Heilig-Kreuz-Kapelle, die als Wallfahrtsort diente. Zur Sicherung des wichtigen Handelsweges ließen die Demminer hier befestigte Gebäude errichten, die bis zum Dreißigjährigen Krieg bestanden. Dazu gehörten die im 14. Jahrhundert erwähnte Bullenburg (Bullenborch) und die auch als Rondell bezeichnete Heilig-Kreuz-Burg. Bei letzterer befand sich ein Karpfenteich, der noch bis ins 19. Jahrhundert vorhandene Poggenpuhl, dessen Befischung 1589 erwähnt wurde. Seinen Namen erhielt der Ortsteil nach der Reformation im 16. Jahrhundert als die Stadt Demmin hier auf dem Poggenkrug einen Stotenhof, ein Gestüt, einrichtete.

Ausgestattet mit edlen Streit- und Zuchtpferden entwickelte sich das Gestüt prächtig. Großen Anteil daran sollen die ausgesuchte, reichhaltige Nahrung und die gute Pflege durch die Stadtknechte beigetragen haben. Natürlich weckte das auch die Begehrlichkeiten der Landesfürsten. Diese hatten immer Bedarf an edlen Pferden und ließen nichts unversucht sie auch möglichst kostenlos zu bekommen. Besonders hatten die Demminer Pferde es Herzog Ernst Ludwig von Pommern-Wolgast angetan.

Für ihre Aussteuer übereignete 1575 die Stadt dem fürstlichen Fräulein Margarete (Schwester von Ernst Ludwig) einen Hengst aus ihrem Gestüt. Dafür gab der Herzog Ernst Ludwig der Stadt dann auch gleich folgende Anweisung: „Wollt Euch mit einem guten, lichtbrau-

nen Hengst mit langem Schwanze, ohne Blässe, der Höhe und Größe ungefähr wie das eingeschlossene Maß ausweist, zu Ihrer Liebden Heimführung versorgen und gefasst machen." Es galt also nicht nur einen Hengst nach genauen Angaben auszusuchen, sondern auch für seine Überführung an den herzoglichen Hof zu sorgen. Das waren damals nicht unerhebliche Kosten die aus dem Stadtsäckel zu bezahlen waren. Der Herzog schien sehr zufrieden gewesen zu sein und sah dabei in eine glückliche Zukunft. Bald begehrte er leihweise Pferde für seine Lehensleute als Streit- und Wagenpferde, bald wollte er mit der Stadt ein Tauschgeschäft machen oder ihnen Pferde abkaufen, bald von den Stadtbauern Pferde käuflich erwerben. So hat er gehört, dass der Bauer Jochim Michel im Demminer Stadtdorf Wotenick einen gelben Klepper mit einem schwarzen Striemen über den Rücken hat, und dass „noch bei einem anderen Kerle in demselben Dorfe, bei Hans Düwelsdorf, ein schwarzer Klepper" vorhanden ist, über den viel geredet wird. Er bat den Rat, die Bauern zu veranlassen, ihm diese Pferde vorzustellen und zu „einem pilligen, leiderlichen und unbeswerlichen Kaufe folgen" zu lassen. Die Stadtväter kamen auch diesem Wunsche nach und der erfreute Herzog schrieb: „So thuen wir uns dessen gegen euch in gnaden bedanken".
So ist es denn auch nicht verwunderlich, dass Pferde des Demminer Gestüts in den Diensten des Herzogs unterwegs waren, bald mit den Räten zu den deutschen und polnischen Reichstagen oder zu Kreistagen nach Jüterbog oder Leipzig, bald nach Lübeck, Braunschweig oder Havelberg. Einmal mit dem Herzog selber, bald mit der Herzogin, mit einem Knappen, mit einem Klosterfräulein, bald zur Hochzeit, bald zur Kindstaufe oder zum Begräbnis. Und so stiegen dann auch die Anforderungen des Herzogs an die Kleidung des Kutschers, die Ausstattung des Wagens und die Wahl der Pferde. Im Mai 1574 verlangte Herzog Ernst Ludwig für eine Reise an „fremde Örter" vier starke, unverdorbene Wagenpferde, in gutem Futter stehend und einen in schwarzen englischen Tuch gekleideten Wagenknecht. Er schreibt dazu: „ Falls solches Zeug bei Euch nicht wäre, müsst Ihr es Euch anschaffen!"
Es kamen auch genaue Angaben die Wagen betreffend, mal ein „gut behangener, mal ein verdeckter, an den Seiten offener Wagen, mal mit hohen Rädern, mal mit weiten Gleisen".
Auch wenn der Rat der Stadt oftmals kein Geld und die Pferde gar nicht oder abgetrieben zurück erhielt, leistete man sich diese doch recht einseitigen „Gunstbezeugungen".
Dafür wurde aber auch den Demminer Pferden die hohe Gunstbezeugung zu teil, mit den fürstlichen Pferden zusammen gefüttert zu werden. Es wundert darum auch (aus heutiger Sicht) nicht, wenn die Herzogin am 4. Juni 1571 an den Rat der Stadt Demmin schreibt: „... wir haben sie mit den unsern füttern und warten lassen, woran Ihr Euer Gefallen haben werdet".
Die Bedeutung der Demminer Pferdezucht sank während des Dreißigjährigen Krieges, der Besetzung Pommerns durch die Schweden und den nachfolgenden Kriegen im 17. und 18. Jahrhundert erheblich. Der Stadtteil verblieb 1720 bei Schwedisch-Pommern und existierte, nachdem dieses als Neuvorpommern 1815 zu Preußen gekommen war, bis 1874 als selbständiges Dorf Stuterhof. Danach wurde es wieder der Stadt Demmin zugeordnet.

Hier in Stuterhof befand sich im 16. Jahrhundert der „Stoten", ein Gestüt der Hansestadt Demmin. Aufnahmen 1910

„VON WEGEN MEINER UNSCHULD"

Margarete Dettloff - die Hexe von Demmin

Im Jahre 1567 lebte in der alten Hansestadt Demmin ein ehrsamer Bürger Namens Paul Dettloff. Er hatte in der Stadt viele Bekannte und zu seinen Freunden zählten sogar Mitglieder des Rates und des Gerichts.

Seine Frau Margarete, ein richtiges Kind vom Lande, soll ihm im Hause und auf dem Felde eine große Hilfe gewesen sein. Beide waren sehr ehrgeizig und nahmen sich vor, „gut und besser Getreide als ihr Nachbar hatte" anzubauen. Darum behandelten sie auch ihren Acker besser und pflügten sehr viel tiefer als andere. Dabei fanden sie eines Tages „etliche Töpfe begraben, darin mancherlei seltsame Materialien verwahret". Weder sie noch ihre Nachbarn konnten sich erklären, wie diese seltsamen Töpfe in den Boden kamen - von Urnenbestattungen in der Vergangenheit hatte zu der Zeit noch nie einer gehört. Jener Acker aber trug nun in verschiedenen Jahren so reiche Früchte, dass die Nachbarn neidisch wurden und der Meinung waren, es gehe bei den Dettloff'schen nicht mit rechten Dingen zu. Bald flüsterten sich die Nachbarn erst leiser, dann lauter zu, dass dort Zauberei betrieben werde. Besonders Frau Margarete soll einen Teufel in ihrem „Zwange" haben. Nun war aber gerade sie so unklug, dem Menschen freundschaftlich zu begegnen, dem sonst jeder am liebsten aus dem Wege geht, dem Scharfrichter. Es war bekannt, dass er „allerlei Gut und Wohltaten von ihr empfangen".

Die Demminer waren sich einig, Margarete Dettloff war eine Hexe. Von da an wurde sie wegen „abergläubischer und zauberischer Handlung in der ganzen Stadt beargwöhnt und deshalb in Verdacht gehalten". Es war nur eine Frage der Zeit, bis die Nachbarn wieder einen neuen Beweis ihrer Schuld erhielten. So beschimpfte bei einem Streit Dettloff seine Frau öffentlich als eine „Zauberische, die man vor Demmin müsse brennen sehen". Nachbarrinnen hatten unter ihrem Bett einen Topf mit seltsamen Dingen stehen sehen und andere sahen am Giebel ihres Hauses ein Loch, „welches stets aufgesperrt gewesen". Man behauptete gesehen zu haben, wie sie den Teufel, den sie „im Zwange hatte", vorher verkauftes Korn wiederbringen ließ. Eben durch jenes aufgesperrte Loch musste dieser das Korn wieder auf den Boden schütten. Noch sah sich der Magistrat der Stadt nicht veranlasst in irgendeiner Weise einzugreifen. Dieses änderte sich aber im April des Jahres 1567. Durch die Brüder Hartwig und Heinrich Moltzan, auf Osten und Kummerow erbgesessen, wurde eine gewisse Katharina Grönewold der Hexerei beschuldigt und unter Folter nach ihren Mitschuldigen befragt. Dabei tauchte ein Name immer wieder auf - Margarete Dettloff.

Noch im gleichen Monat erschienen der Bürgermeister Joachim von Hartz, der Ratsherr Jürgen Kittendorf und die Alterleute Joachim Pempow und Moritz Herrig bei der Grönewold, um ihre Aussagen in einem Ratsprotokoll festzuhalten. Danach legte Katharina Grönewold folgendes Bekenntnis ab: „Sie sei vor einiger Zeit auf den Donnerstag im Dettloff'schen Hause gewesen und habe mit Frau Margarete gegessen und getrunken. Da habe diese in der Reuterstraße zwei Scheffel Roggen verkauft und zu ihr gesagt: Sieh, Katharine, nun will ich dir eine Kunst lernen, wenn ich einen das Korn verkaufe, dass ich's wiederbekomme." Darauf hätten sie beide miteinander auf drei Donnerstage den Teufel in der Kemenate (Wohnzimmer) gestäupt (mit Ruten geschlagen) und gesagt, dass er das Korn wiederholen müsse. Vergangenes Jahr sei sie auch mit der Dettloff'schen auf dem Blocksberg (Gerichtsberg) gewesen und sie haben zusammen gegessen, getrunken und auch getanzt. Sie habe die Zauberei von ihrer Mutter gelernt und habe sie an die acht Jahre gewusst. Die Mutter der Dettloff'schen hätte zu Poeggendorf gewohnt und der Teufel heiße Lucas. Sie hätte ihren Lucas in einem Rahmenpotte (Sahnetopf) in der Kemenate unter dem Bette stehen und habe ihn oft gebraucht, dass er ihr aus andern Scheunen Korn holen müsse." Margarete Dettloff wurde verhaftet und ins Gefängnis gebracht. Dieses befand sich unter dem Gewölbe im runden Turm, neben dem Luisentor. Heute als „Pulverturm" bekannt, fand er schon im Jahre 1546 Erwähnung als „düsterer Keller", der neben der Fronerei, der Wohnung des Scharfrichters, in der heutigen Turmstraße lag.

Der Rat von Demmin übersandte den gesamten Vorgang an die Juristenfakultät zu Greifswald und bat um eine rechtliche Belehrung. „Die Dechanten und andere Doktoren hatten nach fleißiger Erwägung den Rat zu Demmin belehrt, dass die Dettloff'sche billig eingezogen und mit strenger peinlicher Frage verhört werden möchte." Dieses geschah dann auch nach genau vorgegebenen Richtlinien und Verfahrensweisen, die ebenfalls in einem Protokoll festgehalten wurden.

Darin wird berichtet, dass das Verhör „nach solch Belehrung" mit so großem Erfolg vorgenommen wurde, dass „sobald der Scharfrichter das erste Mal zuzog, er ihr den Arm zerbrochen und den andern entsetzlicher Maßen aus den Gliedern gezogen und nit zerbrochen". Die Befragung wurde abgebrochen zumal auch die Dettloff'sche die Folterqualen ohne ein Geständnis abzugeben ertrug. Sie gab dann später zu Protokoll, dass sie die Tortur nur ertrug, „von wegen meiner Unschuld up die von Katharina Grönewold up mi gedhane Bekenntnisse in der Pein".

Margarete Dettloff wurde nach sechs Wochen und zwei Tagen aus dem Gefängnis entlassen. Zuvor musste sie schriftlich anerkennen und mit einem Eid schwören, „dass sie die ihrigen, geboren oder ungeboren, dieses Gefängnisses und dieser Tortur niemals gegen den Rat der Stadt gedenken sollen und wollen, und das sie solch Gesinnen verhindern werde". Trotzdem soll Paul Dettloff später Klage gegen den Rat der Stadt geführt haben und nach seinem Tod Margarete ebenfalls als Klägerin aufgetreten sein. Das Hofgericht in Wolgast forderte 1568 eine gütliche Einigung, während der Rat der Stadt gegen diese fürstliche Entscheidung beim Kaiserlichen Kammergericht in Speyer klagte. Noch 1578 schwebte dieses Verfahren und ob die Nachkommen der Dettloff'schen jemals Recht bekamen, geht aus den Akten nicht mehr hervor.

Margarete Dettloff hatte damals sehr viel Glück gehabt. In der Regel endeten derartig gelagerte Fälle auf dem Scheiterhaufen oder zumindest mit der Ausweisung aus der Stadt. Zu dieser Meinung kam auch 1903 der Stadtchronist Karl Goetze, der diese Geschichte nach den Ratsprotokollen der Stadt Demmin niederschrieb.

Karl Goetze, Geschichte der Stadt Demmin, 1903

Die Künstler-Ansichtskarte aus dem Jahr 1920 zeigt den runden Turm (Pulverturm), der in die Stadtmauer eingebaut wurde.

„DAT FUER"

'ne wohre Geschicht ut Demmin

Tau Anfang von dat twintigste Jahrhundert harr die Stadt Demmin ein'n Nachtwächter instellt, die lange Tid studiert, ewer dat Studium nich tau En'n bröcht harr. Hei wir meist blot in dei Kneipen wäst wägen dat gaude Bier. Nu makte hei hier in dei Stadt sine Rund'n un süng sin „Hört, ihr Herrn und lasst euch sagen...". Dei Demminer wir'n mit em taufräden, un so wir allens gaud un schön. Nu kümmt dor eines Dags ein Handelsvertreter von eine grote Firma nah Demmin, un dei nimmt Quartier in dat Hotel „Zur Post". Grad in desse Nacht brennt nu eine grote Schün von einem Ackerbörger. Dei Nachtwächter tut'te un röp „Füer, Füer" ganz nah sin Vörschrift. Dei Handlungsreisende – hei wir ok ein total verkrachter ehemaliger Student un harr dat nu noch ümmer dull mit dei Dichtung – dei hürte den'n Nachtwächter, ritt dat Finster up un fragt em: „Sage mir, Wächter der Nacht, wo sich das Feuer befinde." Glick kriggt hei dei Antwort trög: „Mann, du im Hemde der Nacht, leck mich am Arsch und verschwinde!" Ja, un so wir nu de Sak tau En'n. Dei Reisende güng wedder tau Bedd un slöppt wieder.

Nach einer Erzählung von Siegfried Schünemann aus Remplin.

SAMUEL LÜTKEMANN UND DIE „HEXE"

Böse Beschuldigungen vor Gericht

Ein Demminer Ratsmann suchte einst für seinen Frust und sein Pech einen Schuldigen. Er fand ihn in Gestalt einer Witwe und nutzte sein Ansehen in der Hansestadt gnadenlos aus, um die Frau ins Unglück zu stürzen.

Als jüngster Sohn des Demminer Apothekers wurde Samuel Lütkemann 1611 geboren. Seine drei Brüder schlugen alle eine geistliche Laufbahn ein. Zwei wurden Pfarrer in der Umgebung und einer kam als Superintendent und Hofprediger nach Wolfenbüttel. Samuel verlebte seine Lehrzeit außerhalb der Stadt, kehrte jedoch nach Demmin zurück und betrieb das Brauerei-Gewerbe und Landwirtschaft, daneben war er Apotheker und Gewürzhändler. Mit nur 38 Jahren kam Lütkemann als Senator in den Rat der Stadt und wurde Kämmerer. Damals durchlebte die Hansestadt wie auch ganz Vorpommern den Dreißigjährigen Krieg. Nicht nur die schwedischen und kaiserlichen Besatzer, auch Hungersnot, Krankheit und Seuchen hatten grausam gewirkt. Aberglaube ängstigte die Menschen, Hexenwahn und Zauberwesen brachten Unschuldige auf die Anklagebank und den Scheiterhaufen.

Lütkemann versuchte mit Ergeiz, Klugheit und Beredsamkeit die Finanzen und damit das Überleben der Stadt zu sichern. So erfolgreich er auch im Dienst für die Bürger war, hatte sich doch in den Kriegsjahren sein Gemüt verdüstert und sein Leben war freudlos. Hinzu kamen persönliche Rückschläge und „merkwürdige Ereignisse".

1656 sagte er vor Gericht als Zeuge gegen die wegen „Hexerei und Zauberei eingezogene Töpferwitwe Hobe" aus. Er gab an, dass die Hobesche der Hexerei berüchtigt gewesen sei, solange er in Demmin wohne. Er selber habe übelste Erfahrungen mit ihr gemacht. So sei ihm seit zwei Jahren nicht mehr gelungen, gutes Bier zu brauen. Zwei Frauen von den durchziehenden Zigeunern sollen ihn gewarnt und auf das Haus der Witwe gezeigt haben. Er solle sich vorsehen, sie würde ihm noch näher treten. Einen Taler habe ihn diese Auskunft gekostet.

Zur Verteidigung der Stadt waren alle Bürger verpflichtet, vor der Stadt für den Palisadenbau Holz zu schlagen und es in die Stadt zu bringen. So geschah, gab Lütkemann an, ihm und seinem Vieh immer Unglück, wenn er der Hobeschen einen Zettel zur Anspannung ausschrieb.

Einmal sollte er mit ihr zusammen anspannen, um eine öffentliche Fuhre zu leisten. Die Hobesche behauptete keine zwei Pferde sondern nur zwei Ochsen stellen zu können. Da Lütkemann sowieso keine Lust hatte mit ihr zusammen ein Gespann zu stellen, wollte er den Wagen mit eigenen vier Pferden bespannen. Sie sollte nur den Fuhrlohn für zwei Pferde übernehmen. Die Frau war einverstanden. Doch Pferde und Wagen kamen nicht mehr zurück, sie wurden von Soldaten requiriert. So verlor Lütkemann vier Pferde. Zwar konnte er die Hobesche zwingen, zwei Pferde und den halben Wagen zu bezahlen, jedoch starben ihm daraufhin zehn Stück Vieh. Er „hielt die Hobe dahero in großem Verdacht seines Unglückeß".

Einige Zeit später wurden die Bürger wieder verpflichtet, Bauholz aus dem Wald zu holen. Die Brücke vor dem

Zur Verteidigung der Stadt waren die Bürger verpflichtet für den Palisadenbau Holz zu schlagen und dieses auf eigene Kosten zu transportieren. Zeichnung: Karl Rumpel 1936

Kuhtor (heute Luisentor) war baufällig und musste dringend erneuert werden. Um gutes Bauholz zu sichern, war Lütkemann sehr früh in den Wald gefahren. Auf der Rückfahrt begegnete er der Hobe, die gerade aus der Stadt fuhr. Im Vorüberfahren fragte sie ihn, ob er schon im Holze gewesen sei. Er antwortete: „Ja, Gott Lob, ich habe eine Fuhre abgeleget, will aber wieder hin." Er fuhr zum zweiten Mal in den Wald. Als er aufgeladen hatte und kaum 150 Meter gefahren war, stürzte im ein Pferd um, als ob ihm der Hals umgedreht worden sei. Am nächsten Tag passierte dasselbe mit einem zweiten Pferd. Er sei darüber sehr melancholisch geworden, berichtete Lütkemann dem Gericht, habe jedoch wieder die Hobesche in Verdacht, die aus Neid und Missgunst ihm die Pferde tötete. Bei diesen Verlusten blieb es nicht. Als er mit den übrigen Pferden das Holz zur Brücke gefahren hatte, fiel im das dritte Pferd vom Wall herunter, so dass er es nur noch dem Henker geben konnte.

Die Töpferwitwe wurde zudem der Zauberei angeklagt. Auch dazu berichtete Samuel Lütkemann etwas. Als er in Gegenwart anderer Ratsmänner die Friedensgelder einsammelte, brachte auch die Hobe ihren Anteil. Ein Amtmann riet ihm, deren Geld nicht zu den anderen zu legen. Lütkemann knüpfte daraufhin das Geld der Angeklagten in ein Tuch und öffnete es erst, als er die Gelder in Greifswald aushändigte. Beim Öffnen sah er, dass ein Taler fehlte. Natürlich musste Lütkemann den aus eigener Tasche ersetzen. Wieder machte er die Hobesche als Hexe dafür verantwortlich.

Lütkemann glaubte als aufgeklärter Bürger offenbar nicht recht an die Schuld der Frau. Seinen Aussagen fügte er dreimal hinzu: So er der Hobeschen Unrecht täte, solle es ihm Gott verzeihen! Das half der vermeintlichen Hexe nicht. Sie wurde, wohl hauptsächlich auf Lütkemanns Aussage, auf dem Demminer Marktplatz verbrannt. Samuel Lütkemann, durch viele Unglücke verbittert, suchte jemanden, den er verantwortlich machen konnte. Die einzige Schuld dieser armen Frau war wohl ihr etwas zu loses Mundwerk.

Karl Goetze, Geschichte der Stadt Demmin, 1903

Hexenverfolgung in Demmin nach dem Dreißigjährigen Krieg. Zeichnung: Karl Rumpel 1936

HISTORISCHE ANSICHTEN

Mit einer Sondergenehmigung vom Luftfahrtministerium überflog 1936 ein Fotograf in 120 Meter Höhe die Stadt Demmin. Sein Foto gibt uns heute einen Blick auf den alten Stadtkern der Hansestadt aus südlicher Richtung. Eng aneinander stehen hier die alten Häuser um den Marktplatz mit dem Rathaus in der Mitte. Zur Marktplatzbebauung gehören unter anderem die Städtische Sparkasse und gegenüber der Menzerstraße das Eckhaus mit dem kunstvoll gestalteten Erker, in der bis zum Jahre 1918 die Landwirtschaftliche Winterschule untergebracht war. Es folgen die Materialwarenhandlung Leo Prill, Kaffee Zilm, Papierwarenhandlung Paul Edler, Uhren Meissner, das Stammhaus des Treptow-Demminer Ein- und Verkaufsvereins und Peters Hotel „Schweriner Hof". Am unteren Bildrand erkennt man von links aus gesehen die Mädchenschule, den Giebel der alten katholischen Kirche und das Dach des Feuerwehrgebäudes. Über die Dächer der Stadt hinweg geht der Blick über die Torfstiche bis hin zur Zuckerfabrik. Linker Hand verläuft die Loitzer Straße, von der nach der Peenebrücke die Straßen nach Beestland und geradeaus in die Woldeforst führen. Dominierend allerdings erhebt sich der hohe Turm von St. Bartholomaei am rechten Bildrand. Demmins Stadtkirche hat den Jahrhunderten getrotzt. Sie wurde in den vielen Kriegen unzählige Male gebrandschatzt und doch immer wieder neu von den Demminern aufgebaut.

Eines der ältesten Gebäude der Marktbebauung war das Eckhaus zur Menzerstraße. Zur Zeit der Aufnahme betrieben hier Heuer & Clemens ihren Manufakturwarenladen, später hatte in dem denkmalgeschütztem Haus die Städtische Sparkasse ihre Büro- und Geschäftsräume.
In der Menzerstraße lagen zahlreiche Speicher, erkennbar an den typischen Aufzügen, die weit über die Straße ragten.

Mit der Anschrift „Am Markt 21" befand sich wohl Demmins bekannteste Konditorei – „Kaffee Zilm". In den 1930er Jahren waren hier vor allem Angehörige des Fliegerhorstes Tutow die Stammgäste.

An der Lindenallee im Devener Holz – damals sammelten die Kinder noch Eicheln, Bucheckern und Kastanien in den Wäldern um die Stadt. Foto: Karl Trettin, 1928

Aufgenommen vom „Utkiek" – die 1860 errichtete Abdeckerei hinter den Sandbergtannen.

Der künstlich angelegte Mühlengraben auf einer Aufnahme von 1931.

An der Jarmener Straße, direkt in die Sandbergtannen hinein, entstand das Stadion mit der Friesenhöhe.

Mit einem großen Fackelzug wurde anlässlich der 700-Jahrfeier 1936 das Ehrenmal im Stadion eingeweiht. In der Halle standen auf einer Kupferplatte 600 Namen der Gefallenen. Die Figuren bestanden aus Muschelkalkkunststein während das Hoheitszeichen in Messing gehämmert war.

Über Jahrhunderte erfolgte der Zugang zu Haus Demmin über eine hölzerne Klappbrücke.

Eigentümer des großen Hauses an der Ecke zur Jahnstraße war 1940 der Drogist Hermann Jenss. Dem zunehmenden Kraftverkehr geschuldet stand vor seinem Geschäft eine BP-Zapfsäule.

KIRCHE FÄLLT DEM KRIEG ZUM OPFER

St. Marien gab dem heutigen Stadtpark ihren Namen

Die St. Marienkirche gehörte zu den ältesten Kirchen der Hansestadt Demmin. Doch im Dreißigjährigen Krieg wurde sie zerstört und dann nicht wieder aufgebaut. An dieser Stelle befindet sich jetzt ein Stadtpark.

Neben dem Luisentor überragt die St.-Bartholomaei-Kirche mit ihrem hohen schlanken Turm auch heute noch das Bild der Hansestadt Demmin. So wie es ehemals mehr Tore gab, gab es früher auch viel mehr gottesdienstliche Einrichtungen. Und sehr erstaunt ist man, wenn man einen Blick in die historische Chronik von Pastor Karl Stolle aus dem Jahr 1772 wirft, und von der großen Zahl der Gotteshäuser erfährt. So gab es in und vor den Toren Demmins das Heilgeisthospital mit Kapelle, die St. Otten-Kapelle, das St. Gertrud-Hospital mit Kapelle, die Nikolaikirche mit Kapelle, die Michaeliskapelle, das St. Georgshospital mit Kapelle, die Kapelle zum heiligen Kreuz, die Jodoki-Kapelle und nicht zu vergessen die Gebäude der Kalandsbrüderschaft, der Beghinen und die Pfarrhäuser. Einzig direkte Pfarrkirchen waren jedoch St. Bartholomaei und St. Marien.

Die Marienkirche befand sich östlich Demmins außerhalb der Demminer Stadtbefestigung. Vermutungen, dass die Marienkirche bereits vor 1295 existierte und möglicherweise die älteste Kirche Demmins sei, sind jedoch nicht belegt. Sie war Parochialkirche – also Mutter- oder Hauptkirche – für die der Stadt gehörenden Dörfer Vorwerk, Buschmühl, Brünzow, Quitzerow und Pensin, die zum Teil eigene Kapellen als Filialen hatten. Als Parochialkirche wurde sie 1390 in einer Urkunde ausdrücklich von den Hospitalkirchen der Stadt unterschieden.

An ihrem früheren Standort befindet sich heute der Demminer Marienhain mit der kleinen Kapelle in der Mitte. Stolle hat die damals noch vorhandenen Fundamente der Marienkirche vermessen lassen und die Kirche mit circa 28 Metern Länge und 10 Metern Breite angegeben. „Sie ist auch mit einem Turm geziert gewesen", den Stolle mit circa 30 Metern Höhe errechnete. Dass diese schlanke gotische Turmspitze durchaus dieser Höhe entsprochen haben könnte, beweisen die Abbildungen auf der Stralsunder Bilderhandschrift und dem Kupferstich des Eilhard Lubin, beide aus dem Anfang bzw. der Mitte des 17. Jahrhunderts.

Zum Grundvermögen der Marienkirche gehörten unter anderem „9 Stück Acker im Kuhfelde, jedes Stück 7 Morgen groß, etliche Wiesen, die Papenkavel und die Küsterwiese". Aber auch die Gehälter der sich im Ruhestand befindlichen Pastoren waren beträchtlich. Nachdem Ambrosius Schlüter (seit 1582 Pastor der Kirche) seinen Aufgaben nicht mehr gewachsen war, wurde zunächst eine Vertretung durch den Kaplan und den Kantor angeordnet. Schließlich wurde der Pastor 1624 endgültig „wegen seines hohen Alters und bekannten Unvermögens" in den Ruhestand versetzt. Die Altersversorgung bestand neben einer Wohnung und Naturalien aus einer jährlichen Zahlung von 100 Gulden durch die Kirchengemeinde. Die Wohnung sollte so beschaffen sein, „dass er bequemlich sich darin behelfen könne".

Es lag indes einiges im Argen in St. Marien. Im Jahr 1369 wurde Matthias de Kaland beschuldigt, „dass er diese Kirche molestirt und Unfug darin angerichtet hatte". Da Kaland die Rechte der Kirche in Abrede stellte, kam das Verfahren sogar bis vor den päpstlichen Auditor und Kaland wurde nach Rom bestellt. Vom Ausgang des Verfahrens ist leider nichts bekannt geworden.

Die Marienkirche Anfang des 17. Jahrhunderts – ein Ausschnitt aus der Stralsunder Bilderhandschrift.

Zudem gab es später Beschwerden über Gemeindemitglieder, Geistliche und Schulgesellen. Die „Kleistesche" und „Frolikische" waren sogar in der Kirche handgreiflich geworden und hatten sich miteinander geschlagen. Zwei Gulden waren die Strafe für das Vergehen. Sehr wahrscheinlich nach Einführung der Reformation in Pommern, spätestens ab 1578 hatten die Demminer Pfarrkirche St. Bartholomaei und die Marienkirche eine gemeinschaftliche Vermögensverwaltung und gemeinsame Vorsteher. 1588 erfolgte eine erste Visitation der Kirche, weitere fanden 1602, 1619 und 1626 statt.

1602 wurde festgestellt, dass die Vermögensverwaltung nicht konsequent die den Kirchen zustehenden Zinsen und Pachten eingetrieben hatte. Es waren von 1578 bis 1601 Außenstände von über 14 000 Mark aufgelaufen. Auch der Zustand im Inneren der Marienkirche wurde 1602 beanstandet und der Kirchenvorstand beauftragt, einen neuen Fußboden einbauen zu lassen. Nach 1626 wurde das Dach der Kirche ausgebessert, der Friedhof vergrößert und mit einer Feldsteinmauer umgeben. Dazu wurden die Bauern der eingepfarrten Dörfer herangezogen.

Das Ende der Kirche kam mit dem Dreißigjährigen Krieg. 1630 wurde die Marienkirche auf Befehl Federigo Savellis, Kommandeur der kaiserlichen Truppen abgerissen. Wegen ihrer Nähe zu den Befestigungsanlagen der Stadt stellte die Kirche nach Savellis Ansicht ein Risiko für die Verteidigung der Stadt dar. Der letzte Pastor Magnus Kannengießer hatte den Untergang der Marienkirche mit ansehen müssen und blieb bis zu seinem Tode im Jahr 1635 ohne Kirche.

Der Friedhof der Marienkirche wurde noch bis in die zweite Hälfte des 19. Jahrhunderts für Beerdigungen genutzt. Die Kirchengemeinde wurde bei der St.-Bartholomaei-Kirche eingepfarrt. Sie hatte aber weiterhin einen eigenen Pastor. Einer von ihnen war der Prediger und Chronist Wilhelm Karl Stolle.

Aus dem ehemaligen Marienfriedhof entstand später der Stadtpark Marienhain mit der kleinen Kapelle in der Mitte. Um die achteckige Form des klassizistischen Zentralbaus von 1799 zu betonen, trug die Marienkapelle seit der Erbauung Rustikalputz. In dem 2008 neu gestalteten Park fand neben anderen Grabsteinen auch der 1998 sanierte alte Obelisk, die Grabstelle des „Doctores" Muhrbeck, einen würdigen Platz.

Karl Stolle, Beschreibung und Geschichte der Hansestadt Demmin, 1772

Damals vor den Toren der Hansestadt Demmin gelegen, deutet heute der Marienhain auf die ehemalige Lage der Marienkirche hin.
Aufnahme: Foto-Studio Edelmann

ALS DER POSTMANN NOCH MIT DEN PFERDEN KAM

Postkutschenzeit im Demminer Land

Postkutschen fuhren noch bis vor 90 Jahren umher. Vor über 300 Jahren begann im Demminer Land die Zeit der regelmäßigen Beförderungen.
Es erstaunt sicher manchen, dass Postkutschen noch zu Beginn des 20. Jahrhunderts fuhren. Schuld daran war der Benzinmangel nach dem Ersten Weltkrieg. In der Hansestadt Demmin ging erst am 27. April 1930 die Pferdepost-Ära zu Ende. Sie hatte damit über etwa 230 Jahre Bestand.

Staatliche Postanstalten gab es zunächst Anfang des 17. Jahrhunderts in Vorpommern noch nicht. Erst um 1650 setzte die schwedische Regierung in einzelnen Städten königliche Postmeister ein. Transportiert wurde teils auf Rechnung des Staates, teils auf Rechnung der Städte. In Demmin war es staatlich geregelt.
Erste regelmäßige Postverbindungen sind für die Zeit um 1700 in Demmin nachgewiesen, und zwar nach Rostock, Güstrow und Anklam. Im Jahr 1705 war Martin Friedrich Bohse königlich-schwedischer Proviant- und Postverwalter in der Hansestadt. Immer wieder jedoch waren die neuen Postverbindungen beeinträchtigt, vor allem durch den Nordischen Krieg und den Siebenjährigen Krieg. Doch danach, in den Friedenszeiten, begannen sie sich zu entwickeln.
So hatte Demmin 1722 Sonntag und Mittwoch eine Postverbindung von Stralsund, Greifswald und Loitz, Ankunftszeit 13.00 Uhr, Weiterfahrt nach Rostock und Hamburg um 17.00 Uhr. Montag und Freitag kam die Postkutsche um 3.00 Uhr aus Hamburg und Rostock und fuhr nach dem Pferdewechsel gleich weiter nach Anklam und Stettin. Darüber hinaus gab es eine Verbindung nach Treptow an der Tollense. Dies war eine Reitpost, denn nur so konnte man damals die schlechten Wege meistern. Außerdem war eine Fahrpost nicht rentabel.
Um 1800 wurde der Verkehr nach Rostock und Anklam – die so genannte Ost-West Verbindung – so begehrt, dass die Verbindungen verdoppelt wurden. Nun verkehrten wöchentlich vier Fahrten in jeder Richtung. Die Reitpost nach Treptow wandelte sich in eine Fahrpost und ging weiter bis Neubrandenburg.
Durch die nach wie vor schlechten Straßenverhältnisse brachen an den Kutschen immer wieder Achsen oder Räder. Reisende saßen stundenlang fest oder marschierten bis zur nächsten Poststation, um darauf zu warten, dass die Gefährte wieder fahrtüchtig waren. Als endlich feste Straßen gebaut wurden, erhöhte sich die Reisegeschwindigkeit von 2 km/h im Jahre 1700, auf etwa 10 km/h im Jahre 1850.
1847 bekam Demmin einen Briefträger der den Einwohnern die eingegangene Post zustellte. Das Umland wurde wöchentlich zweimal mit Post versorgt: Vier Landbriefträger versahen diesen Dienst. Sie hatten jeden Tag einen anderen Bezirk und die Wegstrecke betrug 30 bis 40 Kilometer! Acht Jahre später eröffnete man eine Dampferlinie zwischen Demmin und Stettin. Anfangs wöchentlich dreimal und ab 1861 täglich besorgte ein Dampfer die Postsachenbeförderung auf der Peene.
Bedeutend leichter wurde der Postverkehr durch den Bau von drei Kleinbahnen: von Jarmen nach Friedland 1891, für Demminer 1896, und von Jarmen

nach Greifswald mit Abzweig nach Züssow 1897. Diese Fahrten waren billiger, schneller und weit weniger gefährlich. Postkutschen blieben nur noch im nicht von der Bahn erschlossenen ländlichen Bereich im Einsatz. Die Erfindung des Autos beschleunigte das Ende.
Von der vorpommerschen Kleinstadt Jarmen fuhr die letzte Postkutsche nach Züssow am 30. April 1906. Dies war Anlass genug, an diesem Tag eine Ansichtskarte herauszubringen. Sie zeigt eine Postkutsche vor der Jarmener Post und wurde vom Verlag A. Monse in Jarmen verlegt. Mit dieser Karte sandte ein Mann namens Wilhelm viele Grüße an den Postassistenten Otto Feist in Barth: „Umstehend sende ich Dir ein Bild unseres Hauses mit einer Postkalesche. Glücklicher Weise nur die tempi passati (die Zeit ist vorüber), der Betrieb regelt sich jetzt viel schöner mit den Bahnverbindungen. Das sieht man den Gäulen schon an, dass es höchste Zeit war, dass sie den Postkarren doch nicht mehr ziehen können."
Erst nach dem Ende des Ersten Weltkrieges setzte 1919 der Kraftverkehr auf den Linien nach Dargun/Gnoien und Loitz/Greifswald ein. Einen enormen Aufschwung nahm der Kraftverkehr in den 1930er Jahren. Ein dichtes Netz von Linien verband nun alle Dörfer und Städte des Demminer Landes.
In der Hansestadt Demmin selbst ging am 27. April 1930 die Pferdepost-Ära zu Ende. Den Packet- und Briefverkehr zwischen Post und Bahnhof besorgte über viele Jahrzehnte der Posthalter Rudolf Böck mit seinem Schimmel. Ab Mai wurde diese Zustellung von Postautos übernommen. Der Schimmel von Böck soll noch lange danach nachts mit den Hufen gescharrt haben, um seinen Herrn an die Bahnhofsfahrt zu mahnen.

Der Abschied von der Postkutsche zwischen Jarmen und Züssow im April 1906 wurde auf einer Ansichtskarte verewigt.
Sammlung: Marlies Meyer, Jarmen

IN SCHUTT UND ASCHE

Karl Trettins Aufnahmen aus dem Jahre 1945

Die schrecklichen Ereignisse im Mai 1945 in Demmin erlebte die Familie Trettin hautnah und reagierte darauf wie fast alle Einwohner der Stadt mit Angst, Verzweiflung und Flucht. Karl Trettin beschrieb diese Tage in kurzen knappen Worten:

„Am Sonntag, dem 29. 4. 1945 Demmin verlassen und zur Loitzer Straße hinausgegangen. Nachtlager vom 29. zum 30. 4. in der Kirche zu Wotenick. Auf den Kirchenbänken geschlafen. Sehr kalt. Marsch bis Toitz. Nachtlager vom 30. 4. zum 1. 5. in der Scheune bei Petermann. Sehr gefroren.
Am 1. 5. erstes Zusammentreffen mit Russen. Uns wurden sämtliche Taschenuhren abgenommen. In der Scheune wurden mir 1 brauner Anzug und verschiedene andere Sachen entwendet. Nachmittags Rückmarsch bis Wotenick. Quartier im Saal von Hannemann. Schlafen auf Stroh. In der Nacht Durchzug der Russen mit Tank nach Westen.
2. 5. Verbleiben in Wotenick weil Demmin brennt.
3. 5. Rückmarsch nach Demmin. Vor der Meyenkrebsbrücke waren nur Trecks, die aus Demmin kommen und raten uns nicht hineinzugehen weil dort geschossen wird. Wir gehen deshalb vor der Brücke, an der Zuckerfabrik vorbei, die Chaussee nach Loitz weiter bis zum Gehöft Süßmann bei Waldberg. Mittags schicken wir 2 Mann nach Demmin um festzustellen, ob man hinein kann. Beide kommen gegen 16.00 Uhr zurück und sagen, dass es in Demmin ruhig ist. Wir packen deshalb und fahren gegen 17.30 ab und treffen abends in unserer Wohnung ein. In meiner Wohnung haben sich Flüchtlinge einquartiert und zwar: Berndt mit Frau, Beiker mit Frau, Frau Reuter mit Kind. Else wird am 7. 5. abends gegen 20.30 Uhr durch die Russen aus der Wohnung verhaftet."

Diese Aufzeichnungen stammen aus einem kleinen Heft, das die Wirren des Krieges überstanden hat und sich heute bei Fam. Hoffmann in Neubrandenburg befindet. Darin notierte Karl Trettin auch auf etlichen Seiten die Lebensmittelrationen im April 1945 und ab dem 10. Mai 1945 – genau unterteilt nach Art, Menge und Preis. Es folgen noch einige Seiten mit den Namen der einquartierten Familien, mit Angabe des Heimatortes und des späteren Wohnsitzes. So findet man z.B. unter der Nr. 9 -11 die Familie Möss aus Siebeneichen, die anschließend in die Todenhagensiedlung 9 umzog, demzufolge in der Spalte „Abgang" zu finden ist. An dieser Stelle enden die kurzen handschriftlichen Aufzeichnungen von Karl Trettin. Die weiteren Seiten sind aus dem Heft herausgerissen und allem Anschein nach vernichtet worden.
Berichte von Zeitzeugen zeigen deutlich, dass die Stadt Demmin am 1. Mai 1945 für die russischen Truppen zur Plünderung und Vergewaltigung freigegeben und anschließend mit dem Triumph der Vergeltung niedergebrannt wurde. Kurze Zeit später, die Straßen waren gerade erst von den Schuttmassen frei geräumt, machte Karl Trettin die ersten Aufnahmen mit seiner Kamera. Dieses geschah heimlich, denn es war unter Strafe verboten die zerstörte Stadt zu fotografieren.

Die zerstörte Heilgeistkirche mit Blick auf die Apollonienmarkt

Ruinen säumen die linke Seite der Holstenstraße bis hinunter zur Westkaserne

Die linke Seite der Adolf-Hitler-Straße/Ecke Unterwallstraße mit dem Luisentor im Hintergrund

Zerstörtes Wohn- und Geschäftshaus an der Ecke Adolf-Hitler-Straße/Turmstraße

GESCHICHTE UND GESCHICHTEN
AUS DEM DEMMINER LAND

Autor: Wolfgang Fuhrmann

192 Seiten, 17 x 24,5 cm

Hardcover mit vielen historischen Aufnahmen

19,90 €

ISBN 978-3-943168-11-2

Kennen Sie die Geschichte vom »bösen Bernd« aus Wolde? Warum gab es den Grenzort »Ohlbude« am Kummerower See? Oder können Sie sich vorstellen, dass die Geschichte von Pastor Jobst und dem Schulzen Fröhling tatsächlich passiert ist?
Der Autor Wolfgang Fuhrmann erinnert mit zahlreichen Geschichten, historischen Fakten und Fotos an das Demminer Land und seine Bewohner.
Die Leser erfahren auf unterhaltsame Weise von den Schicksalen in früherer und heutiger Zeit.